RECOPILADOS POR: OBED GARCÍA

EL PENSAMIENTO ECONÓMICO HONDUREÑO EN EL SIGLO XX: ANTOLOGÍA DE ENSAYOS

Julio L. Díaz, Manuel A. Bonilla, Medardo Mejía, Mario Rietti, Cristina Nufio, Guillermo Chocano y otros

ERANDIQUE
DEBATES

EL PENSAMIENTO ECONÓMICO HONDUREÑO EN EL SIGLO XX: ANTOLOGÍA DE ENSAYOS
Julio L. Díaz, Manuel A. Bonilla, Medardo Mejía, Mario Rietti, Cristina Nufio, Guillermo Chocano y otros

Recopilados por: Obed García

©Colección Erandique
Supervisión Editorial: Óscar Flores López
Diseño de portada: Andrea Rodríguez—Mariana Turcios
Administración: Tesla Rodas—Jessica Cordero
Director Ejecutivo: José Azcona Bocock
Primera Edición Tegucigalpa,
Honduras—Agosto 2025

CONTENIDO

UNAS POCAS PALABRAS

Este es el segundo libro que el joven y brillante economista Obed García publica. Es un gran trabajo en el que podemos ver, a través de las estadísticas, cómo era la Honduras de hace varias décadas.

El primero, también bajo el sello de Erandique Debate, fue Transformaciones Económicas y sus limitantes: Honduras 1950-1960.

No exagero al decir que Obed es, como analista, un aire fresco. Los medios de comunicación así lo ven, y es común que, desde la ventana de mi oficina en Colección Erandique, lo vea cuando lo están entrevistando frente a Torre Agalta, donde trabajamos.

Me alegra por Obed que convierta sus conocimientos en libros.

Con la compañía de tazas de café, Obed me ha contado algunos detalles de su vida. Viene desde abajo, y salió adelante gracias al apoyo de su madre y a su propia disciplina y determinación.

Ingresó a la Universidad Nacional Autónoma de Honduras (UNAH), estudió Economía y fue cultivando su intelecto. ¡Un caso de que sí se puede salir adelante!

Los libros han sido sus compañeros, y eso se puede percibir apenas se comienza a conversar con él.

Pero Obed apenas inicia. Lo que le aportará al país, con su conocimiento, estoy seguro, será importante.

Ojalá que los foros de televisión, por ejemplo, lo tomen en cuenta, porque eso enriquecerá los debates y educará a los televidentes.

Así que, con alegría, he querido escribir estas pocas palabras para animar a Obed (aunque no lo necesita), para que no deje de investigar, escribir y publicar; además, para felicitarlo a él, a su madre y al resto de familiares que nunca dejaron de apoyarlo.

¡Así que este Erandique Debate 02 dé paso al 03, 04, 20, 30, 40, 50...!

¡Felicidades, querido Obed!

ÓSCAR FLORES LÓPEZ/Editor Colección Erandique

INTRODUCCIÓN

Este libro constituye una compilación valiosa de reflexiones críticas, análisis técnicos y narrativas históricas que desnudan la estructura económica de Honduras durante dos décadas cruciales del siglo XX. En sus páginas se recogen las voces de economistas, intelectuales y pensadores comprometidos con el desarrollo del país, quienes —desde distintas perspectivas— interpretan las tensiones entre los modelos de crecimiento impulsados por intereses externos y las necesidades genuinas del pueblo hondureño.

Cada ensayo representa no sólo una fotografía del contexto nacional en su momento, sino una advertencia preclara y lúcida sobre los desafíos estructurales que persistieron y en muchos sentidos se acentuaron con el tiempo.

Esta obra se convierte, así, en un puente entre la historia económica de Honduras y la posibilidad de comprender críticamente las raíces del subdesarrollo, de la desigualdad y de la dependencia estructural que han caracterizado al país. En ella confluyen estudios sobre la integración económica centroamericana, el papel de la inversión extranjera, la función del agro y la industria en la economía nacional, la reforma agraria como proyecto de transformación social, y la discusión sobre la política industrial y financiera del Estado frente a la iniciativa privada. Lejos de ser textos aislados, estos ensayos constituyen una narrativa articulada que invita a la interpretación integral del devenir económico de Honduras.

El lenguaje de estos escritos oscila entre la rigurosidad académica y la pasión del ensayo político. La profundidad de los argumentos se combina con una prosa encendida, lo que revela no sólo la erudición de los autores, sino también su compromiso con la transformación de la realidad que describen. En ese sentido, el libro no debe ser leído como un archivo pasivo de ideas, sino como una herramienta activa de reflexión para las nuevas generaciones.

Leer este libro en la actualidad no es un simple ejercicio de arqueología intelectual; es una necesidad histórica, una deuda con quienes han luchado por una Honduras más justa, más digna y consciente de sí misma. Estos ensayos —escritos con valentía en contextos muchas veces adversos— conservan una vigencia incuestionable. Los problemas que denuncian: la descapitalización estructural del país, la entrega de recursos al capital extranjero, la negligencia en el agro, la debilidad institucional del Estado y la exclusión del campesinado, siguen estando presentes —aunque con nuevos rostros y tecnologías— en la Honduras del siglo XXI.

El análisis del capital extranjero y la protección estatal a industrias extractivas, como lo expone Julio Lozano Díaz en su detallado ensayo sobre la minería, es una radiografía de cómo las riquezas nacionales han servido más al desarrollo externo que al interno. La lectura de estas páginas debe encender indignación, pero también esperanza: la indignación que impulsa el cuestionamiento, y la esperanza que mueve a la acción transformadora.

Para las nuevas generaciones de estudiantes —particularmente aquellos que se forman en economía, ciencias sociales, derecho y administración pública—, este libro debe constituir lectura obligatoria.

Pero no una lectura superficial o meramente conmemorativa, sino una lectura crítica, dialógica, creativa. A través de estos textos, se debe propiciar una reapropiación del pensamiento económico nacional, hoy muchas veces subordinado a paradigmas tecnocráticos ajenos a nuestra historia y realidad.

Las y los estudiantes de hoy tienen el reto de rescatar estas voces, de estudiarlas con rigor, y de contrastarlas con la realidad contemporánea. Es su responsabilidad reinterpretar estas ideas a la luz de los desafíos actuales: el cambio climático, la migración masiva, la deuda externa, la crisis del modelo agrícola, la expansión descontrolada del extractivismo, y la persistente desigualdad estructural. Más aún, deben preguntarse: ¿Qué dirían estos autores ante la actual crisis del Estado hondureño? ¿Qué rol jugarían en la defensa de los bienes comunes? ¿Cómo reinterpretarían la integración centroamericana bajo los marcos del neoliberalismo?

Este libro nos recuerda que el pensamiento económico no es neutral. Que el análisis económico debe ir siempre acompañado de una conciencia histórica y ética. Que hablar de cifras sin hablar de personas es una forma de violencia silenciosa. Que pensar el desarrollo sin justicia social es reproducir el mismo ciclo de dependencia y pobreza. Y que los modelos económicos no son fórmulas técnicas, sino proyectos de vida que deben ser decididos por los pueblos y no por intereses externos.

Por eso, leer Escritos del pensamiento económico hondureño es más que un acto académico. Es un acto ciudadno, un gesto de dignidad intelectual y un compromiso con el porvenir de nuestro país. La tarea que queda en manos de los estudiantes, investigadores y ciudadanos del presente es clara: estudiar estos textos, debatirlos, resignificarlos y, sobre todo, convertirlos en guía para una acción crítica y transformadora.

Que nadie más diga que no hubo quien advirtiera lo que se avecinaba. Que nadie más diga que no sabíamos por dónde comenzar. Aquí están las claves. Aquí están las ideas. El futuro depende de si sabremos —como país— leerlas a tiempo.

OBED GARCÍA/RECOPILADOR

EL GOLFO DE HONDURAS: ES UN PORTAL DE PROMISIÓN

R. A. Elvir[1]

Cuando ponemos un mapa de la América Central bajo nuestra vista, lo primero en que reparamos es en el Golfo de Honduras. En su seno en forma de escuadra se localizan cuatro países: Honduras en la parte meridional cubriendo toda su extensión; Guatemala, Belice y Méjico en este orden hacia el norte.

La afinidad social entre la gente del Golfo de estos cuatro países es mayor que la que existe entre los miembros de la familia del interior centroamericano, debido a su constante comunicación desde los tiempos anteriores a la conquista española. En el comercio que se libra entre esta hermandad extra centroamericana, a Honduras le corresponde el abastecimiento de alimentos básicos que reciben en goletas, y traen de vuelta productos manufacturados de Belice procedentes de Inglaterra. Esta realidad histórica y geográfica necesita del estímulo de los gobernantes del presente siglo, puesto que los países del Golfo forman un grupo de países olvidados de sus gobiernos lejanos: así piensan en la Mosquitia hondureña, en Izabal de Guatemala; en Punta Gorda de Belice, y en Quintana Roo de Méjico.

El atraso del Golfo de Honduras con sus países marginales se debe a la disputa larga y cruenta que tuvo España e Inglaterra durante los dos últimos siglos de la Colonia por su posesión. En esta larga contienda, España internó gran parte de la población detrás de las cordilleras del litoral, para que no le sirviera a los ingleses de punto de sustentación. Se convirtió por este motivo en una tierra de nadie.

Fue hasta fines del siglo 18 que España tomó estas ya largas amenazas en serio. No obstante estar su imperio socavado por las sangrías que le ocasionaba Inglaterra en guerras de cada cinco y diez años, hizo el último y desesperado esfuerzo para salvar nuestra nacionalidad, mandando a construir fortalezas en Trujillo, Omoa y Bacalar en Yucatán. Este era un triángulo defensivo con su vértice en

---

[1] Publicado en la revista Ariel, Año X, No 210, mayo 1969
13

el castillo de San Fernando de Omoa. Ya asegurada la guerra defensiva, en 1719 tomó la ofensiva encomendando esta faena al Capitán General don Matías de Gálvez. Este militar que debe de recordarse con estatuas en todas las capitales centroamericanas, con soldados de Chiquimula, Gracias y León la emprendió furiosamente contra los ingleses, a quienes expulsó de sus madrigueras en la Mosquitia e Islas de la Bahía. Se preparaba para darles la última batida en Wallace o Belice cuando fue ascendido a nada menos que virrey de Méjico. Cuando amaneció el día de la Independencia en 1821, la herencia española la recibíamos completa con excepción de Belice.

Pero como Inglaterra viese que Centroamérica le debía algunos préstamos que la Federación le adeudaba en sus años de formación, sin obstáculo alguno volvió a ocupar la Mosquitia y las Islas de la Bahía. Esto ocurrió a la caída del General Morazán en 1839.

En 1859 el General Rafael Carrera de Guatemala negoció el territorio hondureño de Belice con Inglaterra, y su protegido el General José Santos Guardiola, de Honduras, no dijo nada. A cambio de este silencio, Inglaterra le devolvió a Honduras en 1860 Roatán, Útila y demás islas del Golfo, incluyendo las islas del Cisne, parte del archipiélago. Se ve a las claras que Inglaterra quería una base legal en Belice, puesto que España solo le había concedido un permiso de cortes de madera.

La maraña descrita arriba perjudicó el honor nacional de los tres países contratantes, no así a los protagonistas. Santos Guardiola aparece en la historia pública como redentor de las Islas de la Bahía, y no se le pueden negar méritos a su objetividad; Carrera refrenó la expansión inglesa hacia el Petén y la Verapaz, consiguió algunas miles de libras esterlinas para hostilizar a Honduras y El Salvador, y dejó una puerta abierta con un tratado irregular que no resiste un juicio severo; Chatfield, el ministro inglés, por bajo y ruin que lo juzgara Morazán, desempeñó un papel brillante para su patria, la poderosa Albión de entonces.

Es instructivo saber que los españoles o ingleses consideraron la costa de Honduras como la región más importante de Centroamérica y la prueba está en los muchos barcos de guerra que se han hundido a lo largo del litoral y las islas de Roatán y Útila. Barcos costosísimos en aquellos tiempos que cruzaban el Atlántico sólo para terminar bajo el fuego del enemigo o encallarse en las playas empujados por los recios temporales del Golfo.

En un memorial enviado por don Matías de Gálvez, Capitán General de la Capitanía con residencia en la ciudad de Guatemala, decía al rey de España que, ya expulsados los ingleses de esta costa, convenía trasladar el asiento del gobierno de Centroamérica (Capitanía General) al puerto de Trujillo, por ser ese puerto el más espacioso y seguro de cuantos había en estos parajes. Hacía una descripción de lo rico de su suelo, de la abundancia de las aguas que descienden de la cordillera cercana y otros, desde el interior del país; en fin, una tierra de promisión. No fue oído el grande y visionario Capitán, porque España a duras penas sostenía las líneas de comunicación interrumpidas por sus numerosos adversarios.

La riqueza más importante de la costa era en aquellos tiempos las maderas preciosas. En tiempos de paz, que eran escasos, los ingleses y gobernadores de la provincia de Honduras se ponían de acuerdo para su explotación clandestina, estos campos o *benques* (del inglés *banks*) eran ambulantes y no formaban pueblos para no contrariar las ordenanzas del rey a sus intendentes. Durante la Independencia, el gobierno federal y después la república cubrían sus deudas con permisos de corte a los comerciantes ingleses de Belice, nombres de familias que iniciaron sus capitales y aún subsisten como los Melhado de Trujillo y Belice.

Esta explotación sin reglamento de resiembra lleva cinco siglos y es sorprendente que todavía haya algunas zonas dispersas por el litoral que conservan algunos ejemplares. No tenemos conocimientos que Recursos Naturales en las postrimerías del siglo XX haya señalado algunas zonas intercaladas en la costa para continuar disfrutando de ese favor de la naturaleza. La segunda y tercera riqueza de cultivo casi espontáneo lo fueron el coco y el banano. Los puestos más solicitados en los gobiernos del siglo pasado fueron los de administradores de cocales. Los de Trujillo y Tela eran los más importantes. En tiempos de Marco Aurelio Soto los encargados de los cocales comenzaron a incluir el banano en sus despachos de cocos a Mobila en los EE. UU. de Norteamérica, y comenzó a aparecer una clase capitalista criolla. Esta clase capitalista originada bajo los gobiernos liberales de Soto, Policarpo Bonilla, Sierra y Dávila fue destruida por el General Manuel Bonilla quien la sustituyó con empresarios norteamericanos a quienes se debe la perpetuidad de los gobiernos conservadores en el Ejecutivo de la República. La cuarta riqueza de la costa norte la constituye en los momentos actuales, 1950 en adelante, los alimentos básicos como el arroz, maíz, frijoles,

15

azúcar, ganado. El mercado de estos productos es en su mayoría la república de El Salvador. Como el campesino salvadoreño es pobre, sus agentes compradores pagan muy bajos precios, que en la mayoría de los casos no cubre el costo de producción al campesino hondureño, por lo que éste se endeuda crónicamente. Esta fase de agricultura diversificada es financiada por el Banco Nacional de Fomento, quien, al mismo tiempo, es financiado por organismos internacionales; ambos, campesino hondureño y su Banco, año con año se van sumiendo en compromisos insolubles, debido, como dijimos, al bajo poder adquisitivo de sus consumidores los salvadoreños.

Necesitamos clientes en buena situación y que tengan necesidad de nuestros productos alimenticios. El Mercado Común Centroamericano es una sociedad de países pobres y en ellos no hallaremos consuelo. Lo más que podemos esperar de ese Tratado de Integración es el de repartir equitativamente la pobreza entre sus miembros, cuya finalidad no deja de ser meritoria, pero no satisface.

Busquemos nuevos clientes sin dejar los viejos. Tiremos otra mirada al mapa en busca de ellos. Allí están, arriba del Golfo de Honduras. En efecto tenemos una infinidad de hermanos grandes y prósperos: Cuba, Santo Domingo, Puerto Rico y sus vecinos Haití y Jamaica, sin extendernos muy lejos para no hacer difícil las cosas. Todos estos países son vecinos nuestros. Decía un comerciante trujillano de otros tiempos que era más cómodo y rápido ir a Santiago de Cuba o a la ciudad de Santo Domingo que a Comayagua la antigua capital. Decía también que de Santiago de Cuba se podía traer un piano o un órgano de iglesia y no de Olanchito a escasos 100 kilómetros.

Citamos estas simplezas para probar que el comercio con esas islas es beneficioso para ambas partes. Esas islas están superpobladas y ya están llegando al punto que van a necesitar de nuestros alimentos. Entonces podríamos dividir al país en dos secciones económicas: una que exportara para el mercado centroamericano; y otra, el del Golfo, compuesto de Cortés, Atlántida, Colón y Gracias a Dios para comerciar con los países del Golfo y del mar Caribe.

Tenemos tierras buenas en abundancia, del Motagua al Segovia; tenemos los marinos que heredáramos de la antigua Reina de los Mares; construimos en Oakridge barcos hasta de 200 toneladas, solo falta comenzar. ¡Comencemos!

EL BANK OF AMERICA Y LAS MAFIAS
NATIVAS

Medardo Mejía[2]

A muchos nos duele Honduras, como a don Miguel de Unamuno le dolía España. ¿Cómo hiciéramos para que se trataran las cosas del país con seriedad, honradez, desinterés y patriotismo? ¿Cómo hiciéramos para que estos valores no fueran suplantados por otros totalmente contrarios? Porque ya es corriente el llamar serio al frívolo, honrado al pillo, desinteresado al ambicioso, patriota al que con partida de nacimiento del país las hace de agente extranjero en su propia tierra. ¿Cómo inspiraría rayos don Juan Montalvo sobre esas gentes en nuevas "Californiadas" adaptadas al tiempo?

Viene al caso porque en Honduras hay un tema gigantesco, colosal, fenomenal, monstruoso en tamaño como el Contoyán, y a la vez angustioso, deprimente, detestable. Ese tema está inédito, escondido, soterrado, cuando ya debería estar expuesto con amplia claridad, cuando ya debería ser objeto de denuncia, cuando ya debería hallarse en una ley nacional. Ese tema se llama DESCAPITALIZACIÓN DEL PAÍS.

Descapitalización quiere decir que después de haber ofrecido Honduras sus valiosas materias primas y haberles añadido trabajo hondureño, sudado como Dios manda, los beneficios han sido captados por los que no arriesgaron ni un lempira, sino que vuelan al extranjero a recoger las utilidades. Y esto no ha sido en pequeña escala, no ha sido de vez en cuando, sino como sistema, como regla, como política. Es el caso típico de los préstamos del Banco Federal, con los préstamos de la banca inglesa en libras esterlinas, los cuales eran pagados con madera. Después de la separación —herida de los Carreras, los Midence, los Ferreya y otros léperos—, la descapitalización siguió en proceso, porque nunca se pensó en el desarrollo interno de los países centroamericanos; solo se pensó en el comercio exterior a trueque y mocha, en el que se veía que más que

[2] Publicado en la revista Ariel, Año VII, No 166, agosto 1965

los hombres, era la naturaleza quien manejaba las exportaciones a cambio de las mercancías extranjeras.

Recordamos a propósito de esto que el economista Jorge del Castillo escribió que ver el panorama de Centroamérica es ver el panorama de una historia de más de un siglo nunca habían visto para adentro, para su cosa, sino para el exterior, para la cosa ajena. Y si esto es cierto, porque siempre ha habido grupos más interesados en la cosa ajena, con dádivas y migajas que, en la cosa propia, que, de haber sido cuidada, nos tendría más fuertes y más libres.

Veamos con ojos limpios a los gobiernos. Supongamos de buena fe que los gobernantes han llegado al poder con sanas intenciones, deseosos de realizar la grandeza de Honduras. La prueba en contrario se la dejamos a la Historia. Pues bien: en torno a los gobernantes siempre se han aglutinado peligrosas mafias en busca del dinero y las migajas nacionales. Mafia, dice el Diccionario Larousse, es una asociación de malhechores. La mafia en los tiempos de José María Medina se tragó los empréstitos del Federal sin dejar huella. Las mafias actuales son más modernas. Rafael Ferrari, Miguel Andonie Fernández, Jaime Rosenthal, Freddy Nasser, Marlis Turcios —nombres de ficción o no—, no valen por lo que son, sino por el tipo de estructura que representan.

En tiempos de Tiburcio Carias, de Julio Lozano y de Villeda Morales se nombraba gente sin peso que después era tragada por la corrupción o el desprecio. Hoy los mecanismos son otros: viene como las tempestades eléctricas. Es la imagen colosal del Bank of America que amenaza con instalarse en Honduras. Trae el plan preconcebido de ampliar y profundizar la descapitalización del país. Llega en aras de aumentar la deuda externa y de anular el esfuerzo de ahorro nacional. Viene como el ciclón que se traga un racimo de guineos: maduros, se engulle la substancia azucarada y solo deja las conchas regadas en el suelo. Tal el símil, tan exacto como hondureño. Y esto puede suceder, si ya existe una mafia interesada, a través de las dádivas y las migajas, para que venga. ¿Quiénes son, dónde están los componentes de esa mafia? Nosotros solo señalamos el caso histórico, que suele repetirse en los gobiernos, sean cuales fueren. Toca a los bancos nacionales conocer a sus adversarios invisibles, concertados en grupo, para que venga al país el Bank of America, porque como dice el refranero, "cuando el río suena, piedras lleva".

Y una palabra más, dirigida a los integrantes invisibles de la mafia del Bank of America. Sí, está bien la vieja y nueva canción de que venga el capital extranjero, con tal que venga a aumentar las fuerzas productivas del país, con principal beneficio para Honduras, que ya no debe seguir siendo la cenicienta del evento latinoamericano. El capital extranjero en el país debe ajustarse a este espíritu patriótico. Pero si el capital extranjero no viene así, como es el caso del Bank of America, es mejor que no venga, que se quede en su casa.

EL SECTOR AGROPECUARIO EN LA INTEGRACIÓN ECONÓMICA DE CENTRO AMÉRICA

Aníbal Delgado Fiallos[3]

Generalidades

La Comisión Económica para América Latina (CEPAL) en su Tercer Período de Sesiones celebrado en 1950, aprobó una Resolución recomendando a los gobiernos latinoamericanos que "al formular programas y adoptar medidas de fomento económico, tengan en cuenta las posibilidades de expansión de la demanda mediante el intercambio recíproco, a fin de lograr una mejor integración de sus economías y un más elevado desarrollo de su productividad y de su ingreso real"[4].

El año siguiente, 1951, los representantes de los países centroamericanos plantearon la conveniencia de un proceso de integración económica en el Istmo. La Resolución número nueve del Cuarto Período de Sesiones de tal organismo de las Naciones Unidas que se refiere al "Desarrollo Económico de Centro América", aprobada en junio de aquel año en uno de sus Considerandos dice:

"…que las delegaciones de Costa Rica, El Salvador, Guatemala, Honduras y Nicaragua… en vista de los vínculos geográficos e históricos que unen a Centroamérica, han expresado el interés de sus gobiernos en desarrollar la producción agrícola e industrial y los sistemas de transporte de sus respectivos países, en forma que promueva la integración de sus economías y la formación de mercados más amplios, mediante el intercambio de sus productos, la coordinación de sus planes de fomento y la creación de empresas en que todos o algunos de tales países tengan interés"[5].

---

[3] Publicado en la revista Ariel, año IX, No 195, enero 1968
[4] Informe Anual del Consejo Económico y Social, período del 17 de junio 1951 al 16 de febrero de 1952. Naciones Unidas. Consejo Económico y Social. Documentos oficiales del 14 período de sesiones. Suplemento N.° 7.
[5] Informe sobre el cuarto período de sesiones de la CEPAL (Comisión Económica para América Latina), Documento de Naciones Unidas. Documentos oficiales. 7.° Período de sesiones. Suplemento N.° 7. CEPAL.

De esta forma los países de Centro América fueron los primeros que respondieron a la Recomendación del Tercer Período de Sesiones. Un año después estaban expresando su interés en integrar sus economías y solicitando la correspondiente asistencia técnica a la CEPAL.

* * *

En tres etapas se ha convenido dividir el proceso de desarrollo del Programa de Integración Económica de Centro América:

La primera que va de 1952 a 1957. En ella se intensifica la suscripción de tratados bilaterales de libre comercio y se inician estudios e investigaciones para llegar a la etapa de lo multilateral y de un desarrollo industrial integrado.

Al finalizar esta etapa, la situación de tales tratados se encontraba así:

El Salvador, con todos los países centroamericanos
Guatemala, con todos menos con Nicaragua
Honduras, con Guatemala y El Salvador
Costa Rica, con Guatemala y El Salvador
Nicaragua, solo con El Salvador.

La segunda etapa se inicia con la firma, en 1958, del Tratado Multilateral de Comercio e Integración Económica y del Convenio sobre el Régimen Centroamericano de Industrias de Integración.

Por medio de este Tratado se amplía la lista de productos objeto de libre comercio entre las distintas partes contratantes y se señala como meta perfeccionar el Mercado Común en un plazo de diez años. Por medio del Convenio sobre Industrias de Integración se tiende a promover la instalación de grandes plantas industriales cuya magnitud necesite absorber la demanda del mercado regional para operar económicamente, otorgándoseles el incentivo de que sus productos gocen de libre comercio exclusivo por un término de diez años.

La suscripción del Tratado General de Integración Económica Centroamericana inicia la tercera etapa en 1960. De aquí en adelante la excepción ya no serán las mercancías que gozan de libre comercio la excepción la constituirán las mercancías que no gozan de libre comercio[6].

---

[6] En las dos etapas ulteriores al Tratado General, ya fuera bilateral o multilateral, se agregará a los convenios una lista de los productos que no deben de moverse: ahora en la tercera etapa, la lista que se agrega es de los que no gozan de libre comercio.

El Tratado General es el documento básico del Mercado Común, sus disposiciones principales son[7]:

a) Establecimiento de un mercado común en un plazo de cinco años.

b) Las mercancías provenientes de otro estado recibirán el mismo tratamiento que el que reciben en su estado respectivo.

c) Uniformidad centroamericana en cuanto al otorgamiento de incentivos fiscales al desarrollo industrial.

d) Creación del Banco Centroamericano para promover y financiar el desarrollo económico del área.

e) Establecimiento de la Cámara de Compensación Centroamericana para facilitar los pagos interregionales.

* * *

Antes de seguir adelante conviene examinar las diversas formas que pueden asumir modernamente las agrupaciones de países con fines de desarrollo económico.

Cuatro son tales formas: la zona de libre comercio, el mercado común, la unión aduanera y la unión económica[8].

La zona de libre comercio es la forma más elemental de integración. Es el libre movimiento de mercancías naturales producidas en los países miembros. Generalmente sólo se refiere a productos naturales por cuanto en esta etapa no existe un régimen de aforos equiparado con respecto al resto del mundo. Al no existir tal equiparación de aforos y permitir el libre comercio a productos industriales, se corre el riesgo de introducir elementos perturbadores de un crecimiento equilibrado, así las industrias tenderían a ubicarse en aquellos países donde la importación de las materias primas y productos semielaborados que necesitan estuviera gravada con menores aforos. Por tanto, la zona de libre comercio sólo contempla una lista de artículos de origen agropecuario.

El mercado común es la etapa inmediata superior a la zona de libre comercio[9]. Aquí el libre comercio está respaldado por la equiparación arancelaria, todos los países miembros tienen un arancel común con respecto al resto del mundo. El libre comercio entonces puede extenderse a algunas manufacturas. No obstante, siempre subsisten factores que distorsionan el libre comercio, como son las distintas

---

[7] Enrique Eguiguren. Análisis del Movimiento de Integración Económica Centroamericana. Revista Centroamericana del Pensamiento Centroamericano. Julio de 1964.

[8] SIECA. Comentario sobre los Tratados de Integración Económica Centroamericana. Documentos del I Congreso Centroamericano de Economistas. Guatemala, 1964.

[9] El Tratado de Roma le da a este término un carácter más amplio. SIECA.

estructuras financieras y la existencia en cada país de leyes de fomento industrial que otorgan incentivos mayores que en otros.

La unión aduanera como tercera etapa, extiende el libre tránsito de mercaderías no solo a las manufacturadas en la zona, sino a las importadas fuera de la región. Para esto tiene que existir una administración aduanal común y, lógicamente, la distribución equitativa de los ingresos por derechos arancelarios entre los países miembros. Es evidente que a la unión aduanera le siga, hasta que el mercado común esté totalmente perfeccionado.

Finalmente viene la unión económica. Es cuando se garantiza el libre movimiento de mercancías, personas y capitales y cuando se adoptan políticas comunes en lo económico y en lo social. El siguiente paso puede ser la unión política.

El objetivo final del movimiento de Integración Económica es llegar a la unión económica, así se consigna en la Declaración de Centro América suscrita por los Presidentes de los cinco países en su reunión con el Presidente Kennedy en marzo de 1963. Dice así la parte en referencia:

"Durante el examen de la situación, los Presidentes de los Estados Centroamericanos... se comprometieron ante sus pueblos a: acelerar el establecimiento de la Unión Aduanera para perfeccionar el Mercado Común Centroamericano; fortalecer y ejecutar planes nacionales de desarrollo económico social, coordinándolos al nivel centroamericano, y llevar a cabo progresivamente la programación en diversos sectores de la economía... todo con miras a crear una Comunidad Económica Centroamericana que se persigue, y a establecer relaciones conjuntas con otros países o grupos regionales que tienen objetivos similares"[10].

— 2 —

Si examinamos la marcha de la Integración desde sus comienzos, notaremos que los esfuerzos y preocupaciones se han dirigido más que todo hacia la liberalización del comercio interregional y hacia aspectos de desarrollo industrial y de desarrollo infraestructural. Las cuestiones de desarrollo agropecuario no han disfrutado de la debida atención.

El libre comercio interregional y los instrumentos para reforzarlo y agilizarlo no son sino medios para lograr ampliar los mercados para la producción agrícola e industrial. De esto se deduce que mientras

---

[10] DECLARACIÓN DE CENTRO AMÉRICA. Publicaciones del Instituto de Economía y Hacienda Pública de Honduras, Tegucigalpa. C. A., 1963.

estas actividades no sean objeto de un impulso vigoroso, de nada servirá la existencia de un mercado amplio y con óptimas condiciones de liberalidad.

Se ha programado la red mínima de carreteras que demanda el mercado común, se ha trabajado sobre el programa centroamericano de telecomunicaciones, se ha programado el desarrollo hidroeléctrico combinado utilizando recursos regionales, se está avanzando mucho en la unificación de tarifas arancelarias. Pero todo esto —muy importante, por cierto— no es otra cosa que la formación de condiciones adecuadas para un mercado amplio e integrado para la producción centroamericana.

El aspecto de la producción industrial ha concentrado, ante todo, las energías de los líderes del movimiento integracionista. El régimen de Industrias de Integración constituye un polémico paso tendiente a garantizar un crecimiento industrial equilibrado y a estimular la formación de industrias cuya capacidad mínima requiera que tengan acceso al mercado centroamericano para operar en condiciones razonablemente económicas y competitivas[11]. Amparadas a este régimen operan ya en Guatemala la fábrica de llantas Ginsa y en Nicaragua la de Sosa Cáustica e Insecticidas Cloradas. La fábrica de pulpa y papel en Honduras probablemente también se acoja a él.

El Sistema Especial de Promoción de Actividades Productivas constituye una fórmula trascendental entre los partidarios del Régimen de Industrias de Integración, y entre quienes ven en él un inminente peligro que abre paso a gigantescos monopolios, ya que sus productos gozan de un irrestricto libre comercio, y ellos de un amplio estímulo fiscal.

El Sistema fija gravámenes arancelarios proteccionistas para los productos de las industrias acogidas a él, con la condición de que tales industrias requieran más de un mercado regional para operar y que la rama industrial de que se trate cubra por lo menos el 50% de la demanda regional. Gozan de tales beneficios entre otras, las industrias de vidrio laminado, envases de vidrio, bombillas eléctricas, ácido sulfúrico, fertilizantes, láminas y papel de aluminio.

Los Incentivos Fiscales al Desarrollo Industrial, es otro paso importante que se ha dado para acelerar el proceso de industrialización del Istmo. El Convenio contempla estímulos

---

[11] CONVENIO SOBRE EL RÉGIMEN DE INDUSTRIAS CENTROAMERICANAS DE INTEGRACIÓN. Informe del Comité de Economistas de Centroamérica, reunido en Guatemala, diciembre 1963. Naciones Unidas.

consistentes en exención total o parcial de derechos de aduana, del impuesto sobre la renta y sobre utilidades para la empresa calificada y sus socios, de impuestos sobre activos y sobre el patrimonio, todo esto durante determinado número de años[12].

Todos estos plausibles esfuerzos del movimiento de Integración por afianzar el libre comercio, por desarrollar las infraestructuras y por garantizar un amplio desarrollo industrial, lamentablemente no están complementados con un vigoroso impulso al sector agropecuario.

***

¿Por qué esto es así? ¿Una tesis? ¿una estrategia para el desarrollo?

No es poco frecuente que los dirigentes de las economías subdesarrolladas se obsesionen con el desarrollo industrial. Y es que, evidentemente, un país tradicionalmente exportador de uno o dos rubros de materias primas logrará obtener una mayor estabilidad en su comercio exterior y en su producto nacional si logra diversificar su producción industrial y sus exportaciones.

También es evidente que la industrialización contribuye a incrementar el nivel de la renta nacional y logra solucionar parte del problema de la desocupación. Contribuye a aprovechar adecuadamente los recursos naturales, a satisfacer las necesidades de consumo de la población. Capacita al país para concurrir a los mercados internacionales con productos de más valor que la simple materia prima. En fin, muchos opinan que es el grado de industrialización, lo que da categoría a un país de desarrollado, de subdesarrollado, o de en proceso de despegue al desarrollo.

Mas insistir demasiado en un desarrollo industrial olvidando totalmente el desarrollo agropecuario, no es otra cosa que una perjudicial política económica que a la postre puede abrir las puertas a serias situaciones para la economía en general.

El progreso económico debe ser fruto del desarrollo armónico de todas las actividades del país "y estar basado en el equilibrio entre el desenvolvimiento industrial y el de las actividades agropecuarias, distributivas y de servicios"[13]. Enfatizar solamente en el desarrollo industrial —repetimos— no indica otra cosa que olvidar aspectos de

---

[12] CONVENIO CENTROAMERICANO DE INCENTIVOS FISCALES AL DESARROLLO INDUSTRIAL. Naciones Unidas. Consejo Económico y Social. Informe de la Tercera Reunión Extraordinaria del Comité de Cooperación Económica del Istmo Centroamericano.
[13] CARTA ECONÓMICA MEXICANA DEL SECTOR PRIVADO. IV Congreso Nacional de Industriales de México. Revista del Banco de Comercio Exterior.

análisis económico que deben estar presentes en toda planificación acertada del crecimiento.

La experiencia de países que ya se han enfilado hacia el progreso, nos dice claramente que, en las etapas iniciales de su desarrollo, la participación de la industria es relativamente pequeña dentro del cuadro general. Sólo en ocasiones excepcionales —dice Murray D. Bryce, economista canadiense consejero del gobierno de Burma en aspectos industriales— el desarrollo general surgirá de una espectacular actividad no agrícola; el hallazgo o explotación de grandes yacimientos petrolíferos, por ejemplo. Entonces esta actividad costea tanto el desarrollo agrícola como el industrial. Un país que no cuenta con este obsequio de la naturaleza tiene que construir su industria, fundándose en la que ya tiene, la agricultura[14].

Por su parte el Fondo Monetario Internacional se expresa así[15]:

"No debe suponerse que interesa a los países subdesarrollados un excesivo desarrollo en el campo industrial. Este requiere inversiones muy grandes por cada trabajador; el costo inmediato en recursos es alto en comparación con el número de personas directamente beneficiadas. La inmensa mayoría de la población de esas áreas obtienen sus ingresos de la agricultura. Esto no excluye una mayor industrialización de esos países, pero deberá dirigirse el plan de acción hacia un desarrollo equilibrado para aumentar la producción en la agricultura tanto como en la industria".

No se trata de plantear una alternativa agricultura-industria. Se trata simplemente de recordar la conveniencia de un desarrollo armónico y equilibrado entre los distintos campos de la economía nacional, y de resaltar la importancia que tiene el desarrollo agrícola, para un desarrollo industrial que no se estanque por falta de mercados y de suficiente poder adquisitivo de la mayoría de la población que en los países atrasados es agrícola. Se trata de recordar que, para una industria eminentemente nacional, es necesario formar condiciones económicas propicias para el incremento del ahorro interno, mediante la elevación del ingreso personal de la mayoría de la población.

***

Pensando con Rostow[16] podemos afirmar que la sociedad centroamericana se halla en el período en que se desarrollan las

---

[14] Murray D. Bryce. Desarrollo industrial. Guía para asesorar el crecimiento económico. The G. Bell-Hill Book Company Inc. New York. (Versión española, Ediciones Nauta, S. A.).
[15] Cita del Bryce. Ob. mencionada.
[16] Walter W. Rostow. Las Etapas del Crecimiento Económico. Fondo de Cultura Económica. México. El autor fue recientemente asesor económico del Presidente John F. Kennedy.

condiciones previas al despegue inicial. En la etapa en que la sociedad se prepara para un crecimiento sostenido, para explotar los frutos de la ciencia, defenderse de los rendimientos decrecientes y gozar los beneficios debidos al progreso a ritmo de interés compuesto.

Este supuesto entraña la afirmación de que nos encontramos en una sociedad semi feudal, en una sociedad tradicional como la llama Rostow, que, entre otras cosas, tiene que fijarse la tarea de superar su situación predominantemente agrícola y dirigir sus esfuerzos hacia un mayor desarrollo de la industria, las comunicaciones, el comercio y los servicios. Que nos encontremos en una sociedad en que los ingresos hasta ahora concentrados en manos de los que poseen la tierra y que los invierten en casas de campo ostentosas, sirvientes, adornos personales y consumo suntuario, tienen que ser transferidos a aquellas manos que los invertirán en fábricas, escuelas, caminos y otras actividades productivas. Que nos encontramos en una sociedad que debe superar el concepto que tiene del mundo y de la vida, por culpa del aquel optimista de que la naturaleza es algo susceptible de un manejo inteligente a fin de que sirva a sus necesidades de bienestar y progresos.

Aunque si bien es cierto que esto no constituye una causa fundamental, se puede convenir que la esencia de este tránsito radica en un aumento de la tasa de inversión a un nivel superior a la tasa de crecimiento de la población. Pero ¿dónde aplicar preferentemente esa inversión?

Lógico es pensar que debe aplicarse en aquellos recursos que garanticen un rápido efecto productivo, en los recursos que se tienen más a mano, que son más abundantes.

La modernización de la economía requiere tanto capital circulante como capital fijo. El primero para alimentar una población en constante crecimiento, el segundo para realizar las necesarias obras de infraestructura: caminos, puertos, electricidad, riego, etc. Luego para obtener los necesarios incrementos rápidos en el capital circulante, es necesario aplicar la inversión en la agricultura. Es la única que los garantiza.

Cuatro papeles de importancia asumen la agricultura y las industrias extractivas en este período:

Alimentar a una población rural y urbana creciente, y obtener las divisas necesarias para cubrir las necesidades de importación del sector industrial incipiente o del mismo sector agrícola.

Dar poder adquisitivo a la población rural, formando así un mercado seguro para la producción industrial.

Ser fuente de ingresos fiscales, fortaleciendo así la posición del gobierno para hacer frente a sus gastos corrientes o de inversión, esto a su vez fortalece la capacidad de demanda de bienes y servicios del mismo.

Al incrementarse el ingreso personal, hay margen para ahorrar y así las instituciones bancarias elevan su volumen de fondos prestables para financiar el crecimiento agrícola, industrial y de servicios. Generalmente cuando se admite la inversión extranjera se afirma que es por deficiencia de ahorro interno; mientras no se haga nada por estimularlo, es muy difícil que la inversión en la industria logre ser prevalecientemente nacional.

Es necesario, pues, que se acreciente la inversión sobre la tierra y los recursos naturales, sobre todo cuando se dan los primeros pasos para la modernización de la economía. Se necesita algo más que la industria para llegar a la industrialización —dice Rostow— esta requiere mucho tiempo para desarrollar su impulso y su capacidad competitiva.

***

Encontramos poco probable que el proceso de desarrollo industrial discriminatorio en que se empeña el Mercado Común, a corto plazo no nos enfrente el cuello de botella que significa un mercado reducido y con poco o ningún poder adquisitivo.

Es difícil ser optimista en cuanto a mercados exteriores para la producción industrial; los países adelantados producen a costos más bajos y a calidades superiores por el portentoso equipamiento de su industria, por su mano de obra calificada y por las economías externas que obtienen. Es más, a pesar de los propósitos de cooperación enunciados en reuniones internacionales, la política proteccionista de los países desarrollados no solo permanece igual, sino que se intensifica.

Nuestra industria debe forjarse, pues, orientada a la satisfacción de la demanda regional, en aquellas actividades que no resulten perjudiciales a los intereses generales de la economía y a los intereses de los consumidores. Para ello, entre otras cosas, es necesario formar un mercado interno seguro y creciente.

Actualmente el programa de desarrollo industrial del Istmo se orienta a la sustitución de importaciones, a cubrir una demanda efectiva existente desde largos años atrás. Esto puede explicar el ritmo relativamente acelerado a que ha crecido el sector industrial en los primeros años del mercado común, pero es muy probable que este ritmo se vuelva lento, casi estático, cuando los márgenes de sustitución resulten reducidos.

En efecto, tal momento llegará, no porque en Centro América se fabriquen todos los productos de que nos proveen los mercados exteriores, sino porque dejará de ser beneficioso para la economía en términos de rentabilidad social y para los consumidores en términos de precio y calidad, el funcionamiento de una política industrial de sustitución de importaciones. Además, debe recordarse que existen ramas industriales cuyo proceso de innovación tecnológica es sumamente acelerado y que nuestras plantas de un momento a otro pueden resultar obsoletas e incapaces para competir, por más protección que se dé a sus productos.

Sobre este interés predominante de justificar la industrialización por la sustitución de importaciones, es conveniente citar a Kaldor[17].

"No puede haber duda de que la mayoría de los países subdesarrollados ganaría extraordinariamente, tanto en términos de nivel general de eficiencia como en el ingreso real, y también flexibilidad, si concentraran sus esfuerzos más en el desarrollo de sus exportaciones que en producir sustitutos para los tipos de importaciones. La producción de bienes exportables es mucho más valiosa para un país, que la fabricación de artículos sustitutos de los importados, porque la primera, como el comodín de la baraja, puede sustituir a cualquier tipo de producto, a través del comercio internacional".

Se calcula que, en Centro América, aproximadamente 65 mil hombres demandan empleo cada año. Esto nos dice que igual cantidad de empleos debe crear la economía de la región, tanto en la industria, como en la agricultura, el comercio y los servicios deben crear aproximadamente 26 mil oportunidades.

Esta realidad hace pensar que es muy difícil que el proceso industrial por sí solo y tal como actualmente se programa, pueda cumplir con tal obligación. Incluso existe la posibilidad, como afirma Myrdal, de que decrezca la fuerza de trabajo empleada en la manufactura aún en estas condiciones.

Este problema tiende a agravarse por la tendencia que existe de incorporar instalaciones de gran tamaño, con las más modernas técnicas de producción que se caracterizan por la alta incidencia del

---

[17] Citado por Rómulo Ferrero. Comercio y Pagos Internacionales. CFMLA.

factor capital y la baja utilización relativa de mano de obra, a fin de obtener las llamadas economías de escala. Sobre este punto conviene citar lo siguiente tomado de un informe de las Naciones Unidas:

"...La tecnología que ahorra mano de obra no es de gran valor para una economía superpoblada. En ella la investigación se dirigirá hacia tecnologías que aumenten el rendimiento unitario de la tierra o que faciliten el empleo de muchas personas en industrias secundarias con pequeño gasto de capital". "En igualdad de circunstancias, para la mayoría de los países subdesarrollados son las industrias trabajo-intensivas más bien que las capital-intensivas, las que tendrán gran ventaja competitiva relativa, aun cuando la productividad de la mano de obra es algo menor que en los países avanzados".

Concluyendo se puede afirmar que si bien es cierto es importante un programa de industrialización y de sustitución relativa de importaciones, hasta el punto de que deje de ser beneficioso para la rentabilidad económica nacional y los intereses particulares de los consumidores, esta industrialización y la ulterior deben tener como base un enérgico desarrollo agropecuario.

— 3 —

La formación de un mercado fuerte y creciente sólo es posible incrementando el rendimiento de la productividad agrícola.

En Centro América el mercado interno es sumamente débil, apenas 1.5 millones de habitantes poseen efectiva capacidad de compra[18]. El 65% de la población que es agrícola, apenas crea el 39% del producto nacional; en cambio el comercio que ocupa el 4% de la población crea el 12%; y las manufacturas que ocupan el 11% crean el 16%.

Como se ve, se trata de obtener de la población agrícola más productividad. Y aquí es importante citar el caso de la desocupación disfrazada que ocurre en todo país de agricultura improductiva; esto quiere decir que existe un exceso de mano de obra agrícola con relación a la cantidad de tierra que se trabaja, de tal manera que gran cantidad de esa mano de obra puede retirarse de la agricultura sin que la producción de esta sufra merma alguna.

Parece que el bajo ingreso en la agricultura que señalan las cifras estadísticas se debe a esto, pues estas personas en exceso con respecto a la tierra que cultiva el grupo a que pertenecen, no tienen ninguna

---

[18] Joseph Pincus. El Mercado Común Centroamericano. Departamento de Estado de los Estados Unidos de América. Agencia para el Desarrollo Interamericano.

productividad, sin embargo, reciben un ingreso al repartirse entre todos el ingreso total de la agricultura.

No es necesario narrar aquí las condiciones en que vive la población campesina, de suyo es conocida por todo mundo, lo importante es recordar la necesidad de incorporarla a la economía monetaria y al esfuerzo diario por el desarrollo económico y social. Elevar su productividad y su ingreso, debe ser un propósito fundamental de las preocupaciones nacionales.

***

Es generalmente reconocido que, entre otras, la baja productividad del sector agropecuario en estos países se debe al uso de una tecnología atrasada, a un mercadeo ineficiente y que se presta a una explotación terrible, a la falta de créditos liberales y suficientes, a problemas humanos tales como capacidad física, agilidad mental, instrucción y actitudes sociales. Luego es necesario aplicar soluciones sobre estos campos a fin de lograr la necesaria productividad. Mas es importante no olvidar algo, lo fundamental, y aquí conviene recordar a Rostow.

El proceso del tránsito de una economía feudal a una economía en desarrollo reclama, afirma nuestro autor, la transferencia de ingresos de las clases terratenientes que los utilizan en consumos suntuarios, hacia aquellos sectores sociales que los invertirán productivamente, lo cual en pocas palabras quiere decir que es necesario distribuir la riqueza para iniciar el verdadero proceso de desarrollo.

Se piensa que una forma de distribuir la riqueza es mediante los impuestos. Esto puede ser válido para los países desarrollados, mas no totalmente para los subdesarrollados. En los países subdesarrollados las reales fuentes de riqueza son las tierras agrícolas y las minas, de aquí que en estos países la distribución del ingreso y de la riqueza esté determinada por el régimen de propiedad de la tierra y de los recursos naturales más importantes[19]. Por consiguiente, las transferencias de ingresos requeridas para el desarrollo tendrán que provenir de esas fuentes.

Esta transferencia de ingresos de un sector social a otro, esta dotación de poder político y económico a una clase tradicionalmente olvidada, esta medida revolucionaria, es lo que se llama Reforma Agraria.

---

[19] Edmundo Flores. La Reforma Agraria y la Alianza para el Progreso. El Trimestre Económico. Nº 120.

La simple distribución de la tierra, la simple erradicación del latifundio o del minifundio, no soluciona de por sí los grandes desequilibrios que se buscan corregir, es necesario un serio enfrentamiento al problema del desarrollo de caminos, obras de riego, crédito, asistencia técnica, mercadeo, educación, salubridad y demás áreas que influyan en la productividad del sector agropecuario; pero tampoco debe pensarse que esto sin lo otro es Reforma Agraria. Eduardo Flores, distinguido economista mexicano, afirma que estas medidas de productividad deben ser aplicadas después que la Reforma Agraria se ha llevado a cabo y no en vez de ella[20].

Una falsa Reforma Agraria es habilitar tierras fiscales o una política de colonización. Estas tierras generalmente son de dudosa fertilidad y a menudo están a grandes distancias de los mercados. Al no haber despertado el interés ni del conquistador español ni del moderno colonizador, indica que no tienen valor económico apreciable. De otro lado su habilitación reclama cuantiosas inversiones, que pueden ser aplicadas en forma más beneficiosa en el desarrollo de otros sectores de la economía.

La Reforma Agraria, es aquella pues, que distribuye la tierra productiva-improductiva o explotada de forma antieconómica. Reforma Agraria no es ni distribución de buena semilla, ni programas de fertilización, ni actividades para el desarrollo de comunidades rurales, ni movimientos de acción cívica, ni políticas de colonización. La Reforma Agraria tiene como efecto inmediato la distribución del ingreso, la distribución de la riqueza.

Conviene citar un párrafo del economista norteamericano J. K. Galbraith para referir el problema político que plantea la Reforma Agraria:

"Por desgracia nuestra corriente investigación de la reforma agraria en los países subdesarrollados en parte se hace como si esta reforma fuera algo que un gobierno proclama una buena mañana, dando tierras a los campesinos, como podría dar pensiones a soldados veteranos o reformar la administración de la justicia. De hecho, una reforma agraria es un paso revolucionario; transforma el poder, la propiedad y la condición social de un grupo de la sociedad a otro. Si el gobierno del país está dominado por grupos de terratenientes, o si estos tienen gran influencia sobre él, puesto que este grupo es el que está perdiendo sus prerrogativas, no es de esperarse que se promulgue una legislación agraria efectiva como un acto de gracia. La mejor

---

[20] Edmundo Flores. Obra citada. Edmundo Flores fue funcionario de las Naciones Unidas.

seguridad de reforma agraria —y espero personalmente que sea ordenada y pacífica— consiste en un gobierno popular que verdaderamente desee las reformas"[21].

La Reforma Agraria es un parto doloroso. Tradicionales fuerzas que han decidido la política en estos países presentarán una oposición fuerte y cerrada; pero hay que hacerla.

México inició su Reforma Agraria en 1917, actualmente ese gran país, según el Departamento de Agricultura de los Estados Unidos, ocupa el tercer lugar en el mundo en cuanto a tasas de crecimiento agropecuario se refiere, sólo le superan Israel y Japón. En las últimas tres décadas ha triplicado su producción agrícola, actualmente tiene solucionado el problema de la provisión de alimentos para su consumo interno, y las cifras de exportación de productos agropecuarios ha crecido en forma extraordinaria. Basado en su impresionante desarrollo agrícola, ha desarrollado una eficiente industria que lo ha colocado en una posición privilegiada entre los países de escaso desarrollo. Pero para todo esto México tuvo que ordenar su economía y su política, tuvo que hacer su Revolución.

En Centro América es necesario enfrentar con valor y sentido patriótico, el problema del campo. Muchos miles de personas tendrán que abandonar la zona rural y encontrar empleo en otros sectores de la economía. Se tienen que buscar medidas adecuadas a fin de balancear la inversión agrícola e industrial para encontrar niveles cercanos a la ocupación plena. Esto naturalmente requiere altas tasas de inversión tanto privada como pública y una política de endeudamiento exterior inteligente y honrada. Pero sea como sea, es necesario comenzar a hacer algo, los organismos del Mercado Común tienen la palabra.

***

En este corto trabajo se ha intentado plantear la necesidad de que el Movimiento Centroamericano de Integración Económica, enfrente con realismo, sentido de responsabilidad y valentía, el olvidado problema agropecuario.

Se ha tratado de hacer resaltar la idea, que no es ninguna novedad, que para un desarrollo económico sano, democrático y honrado, es menester fundamentarse en un desarrollo agropecuario. Se ha tratado de recordar que es necesario incorporar a la vida moderna a esos grandes sectores olvidados y miserables que viven en el campo, no solo por el mercado que pueden significar para la producción

---

[21] Citado por Gunner Myrdal. Solidaridad o desintegración. F.C.E.

industrial, sino por algo más importante y trascendental, porque son hombres que sienten, que piensan, que aman...

La actual generación de centroamericanos, por mandato histórico y por responsabilidad cívica, está obligada a crear en el Istmo la sociedad moderna, la sociedad del bienestar como la llama Myrdal. Se impone la tarea de buscar áreas de entendimiento fraternal a fin de que todos, desde su natural trinchera de lucha diaria, podamos dar nuestro aporte sincero a la causa del desarrollo económico y social.

Paulo VI, al referirse al deber de combatir la miseria y luchar contra la injusticia como medio para promover el bienestar y el progreso humano y espiritual de todos, ha concluido: EL DESARROLLO ES EL NOMBRE MODERNO DE LA PAZ.

LA INDUSTRIA MINERA EN HONDURAS PROTEGIDA POR EL ESTADO

Beneficio que recibe el país en relación a las utilidades que obtiene el capital extranjero

Julio Lozano Díaz[22]

El valor total de todos los productos exportados durante los 57 años que han durado los trabajos de la Compañía Rosario ha sido de $ 56,411,656.07 pero, no teniendo a la mano cada uno de los informes correspondientes a esos años, para conocer los valores que ella obtuvo procedentes de otras fuentes de ingresos, se hace difícil poder apreciar la participación de esos valores en el volumen de sus negocios; y, por ello, me limito a extractar lo siguiente:

Dividendos pagados en 57 años	13,021,218.00
Amortización a su capital	500,000.00
$ 1.60 de premio por acción sobre esos $ 500.000.00	80,000.00
11,633 acciones retiradas del mercado, con valor de $10 c/u	116,330.00
$1.58 de premios esas 11,633 acciones	18,384.10
Aumento a su capital	2,133,774.10
Total	**15,869,702.24**

Conforme a los balances de la Compañía, su capital ha sufrido la siguiente transformación:

Su capital inicial	1,500,000.00
Su aumento en 1912	500,000.00
	2,000,000.00
11,633 acciones retiradas del mercado al 31 de Dic. 1933	116,330.00
188,367 acciones flotantes con valor de $10.00 c/u	1,883,670.00
El exceso del activo neto sobre el valor par de sus acciones	2,017,444.10
Su capital actual	**4,017,444.10**

---

[22] Publicado en la revista Ariel, año XII, No 234, mayo 1971

Hasta el año de 1911, el capital de la Rosario era con valor de $1,500,000.00 habiéndose aumentado en seguida en $500,000.00 formando un total de $2,000,000.00.

Desde 1912 hasta el año de 1920 se pagó a los accionistas, como dividendos, un promedio anual de 12.5% sobre el capital aumentado; en los años de 1917, 1918, 1919 y 1920 la compañía hizo distribución de fondos, con carácter de amortización, además de dividendos mencionados, por valor total de $80,000.00 hecho en 1912, con valor de $500,000.00, más un premio de $1.60 por acción.

Sin embargo, desde 1921 hasta 1931 la distribución de dividendos anuales se ha hecho sobre un capital de $2,000,000.00; y, desde 1932 hasta 1937 sobre un capital igual al valor par de las acciones flotantes, las cuales, al 31 de diciembre de 1933, eran 188,367 con valor par de $10.00 o sea un capital de $1,883,670.00 habiendo adquirido la compañía, por compra en el mercado, 11,633 acciones con valor de $116,330.00, más un premio de $1.58 por acción.

Esta forma de distribución de dividendos sobre el capital aumentado, sin tomar en cuenta la amortización que se hizo del 25% sobre los $2,000,000.00 tiene, para los accionistas, la ventaja de que el tipo de dividendos anuales percibido sobre su capital, ya reducidos por amortización, es mayor al parecer con el capital inicial y también de las tablas respectivas, autorizado por la Directiva de la Compañía, en el informe que sobre el balance se ha acostumbrado a insertar, en que se omite el valor par de las acciones; de tratarse, en cambio, de acciones sin valor nominal, el capital y el porcentaje de ganancia sería distinto.

Con el objeto de tener detalle puede hacerse la comparación del caso:

Distribución de dividendos
1921 a 1937

Años	Valores	Porcentaje sobre 1,500,000.00	Porcentaje sobre 2,000,000.00
1921			
1922	200,000.00	13.33 1/3	10
1923	250,000.00	16.16 2/3	12.5
1924	350,000.00	23.33 1/3	17.5
1925	400,000.00	26.66 2/3	20
1926	400,000.00	26.66 2/3	20
1927	400,000.00	26.66 2/3	20
1928	450,000.00	30.00	22.5
1929	500,000.00	33.33 1/3	25
1930	371,677.00	24.78	18.75
1931	364,159.00	24.28	18.75
1932	283,874.00	18.92	15
1933	659,324.00	43.95	35
		sobre 1,383,670.00	sobre 1,833,670.00
1934	753,468.00	54.45	40
1935	800,559.00	57.86	42.5
1936	734,632.00	53.09	39
1937	833,525.00	60.24	44.28
17 Años	7,751,218.00	31.4663	23.88

El promedio anual de dividendos en 57 años, conforme las tablas anteriores, fue de... 13.3667%
Ese promedio anual, cuando se deduce la amortización de los $500,000.00, fue de.. 14.7577%

***

Del informe del Señor Gerente General, correspondiente al año de 1937, tomamos algunos datos que conviene conocer:

DEPARTAMENTO MÉDICO:

El costo del mantenimiento de este departamento, en el año, fue de $8,378.51. Conocido este factor, y dado el número de días de trabajo aprovechados en el año (306) y el promedio del número de trabajadores por día (1051) resulta que el servicio Médico-Quirúrgico prestado a los empleados y operarios costó a la Compañía dos y seis décimos de centavo al día por persona.

ESCUELAS:

Conforme al contrato con la Municipalidad de Tegucigalpa, la Compañía está obligada al mantenimiento de escuelas en la localidad en que opera.

Funcionan tres escuelas urbanas, dos para niños y niñas del país y una para hijos de extranjeros; también tiene establecidas dos escuelas rurales mixtas para hijos de hondureños.

En el mantenimiento de todas las escuelas para niños del país, la Compañía gastó $1,151.56 con un promedio de asistencia diaria de 362 alumnos dando como resultado un costo de $3.17 por alumno. El gasto incurrido en el año en el sostenimiento de escuela para niños extranjeros, con un promedio de asistencia diaria de 86 alumnos, fue de $2,075.80 lo que significa un costo de $259.47 ½ al año por alumno.

CAMINOS:

El total gastado en el mantenimiento de caminos, por el año, fue de $11,148.05 acusando un aumento de $1,186.66 sobre el gasto hecho en el año de 1936. Justifica el Gerente ese aumento con las extensas reparaciones hechas al camino que conecta con la capital, agregando que eso ha dado por resultado que el flete local haya sido reducido en $2.00 la tonelada. Según esto, el acarreado hondureño soportó el aumento que la Compañía tuvo en sus gastos de caminos en el año de 1937.

***

En el año de 1921, cuando la plata, después de haber alcanzado su más alta cotización durante los años de la guerra mundial ($1.36 por onza) sufrió un descenso rápido hasta llegar a cotizarse a $0.59 centavos la onza, sin que por eso hubiera disminuido el precio de los materiales extranjeros que se usan en la industria minera, la Compañía Rosario se vio obligada a reorganizar sus trabajos en Honduras y para ello resolvió la suspensión de sus operaciones, por un término que duró ocho meses, con la finalidad de colocarse en una posición independiente que pudiera permitirle imponer el tipo de salarios que conviniera a sus intereses.

En vista de las condiciones que prevalecían en el país, el operario nacional tuvo que soportar el tipo de salario que le fue impuesto, perjudicándose en su poder de compra, pero cooperando con su propio esfuerzo a llevar adelante los trabajos de la empresa.

A juzgar por los $3,781,508.00 que distribuyó en dividendos la Compañía, en los años de 1933, 34, 35, 36 y 37, con un promedio anual de más del 40% sobre su capital, aquella situación desfavorable en sus negocios se ha tornado por otra que indica prosperidad en ellos. Sin embargo, en sus trabajos de Honduras, prevalece todavía el mismo tipo de salario que impuso en 1921.

CONCLUSIONES

El Arancel de Aduanas que rige en Honduras es inadecuado para el desarrollo de ciertas industrias. El gravamen establecido sobre implementos de trabajo y sobre materiales que no se producen en el país y que se usan en grandes cantidades en esas industrias, es tan elevado que se vuelve prohibitivo. Además, está sujeto a modificaciones por parte del Poder Legislativo sin que medie un dictamen de un cuerpo técnico. Por estos motivos, el Capital se protege obteniendo concesiones.

Me fundo en estas consideraciones para no reproducir en este trabajo todos los valores que registra la Oficina de Centralización de Cuentas como dispensados a la New York and Honduras Rosario Mining Company en razón de derechos e impuestos sobre la importación de sus materiales durante la vida de sus concesiones. Resultan tan elevados que sería inconcebible que ella hubiera podido pagarlos tomando en cuenta el rendimiento probable de su negocio.

Quien quiera que lea este estudio tendrá que convenir en que se ha cometido un gravísimo error al otorgar esas concesiones sin que el Estado perciba otro beneficio que el trabajo, pobremente remunerado, que esa industria proporciona a los hijos del país. Parece que ha llegado la hora de que nosotros despertemos y eso me impulsa a sugerir que en las concesiones que se otorguen en lo sucesivo se establezca la obligación, de parte del concesionario, del pago de un impuesto de exportación sobre los productos mineros.

A continuación, el proyecto:

Impuesto básico de (3%) tres por ciento, en progresión escalonada, computable anualmente sobre el valor efectivo neto de los productos mineros que exporte el concesionario ya sea directamente o en forma intermediaria o negociable. La progresión del impuesto será de (1/10 de 1%) un décimo de uno por ciento a medida que, en dicho valor, se produzcan aumentos de ($100,000.00) cien mil dólares.

Cuando el valor efectivo neto de las exportaciones no llegue a ($100,000.00) cien mil dólares, el gravamen será (3%) tres por ciento únicamente; al llegar a ese valor, el impuesto progresará en (1/10 de 1%) un décimo de uno por ciento, permaneciendo fijo hasta que se produzca el aumento antes mencionado y, en consecuencia, se reanude la progresión. En esta forma continuará su progresión el impuesto.

A efecto de poder establecer el valor efectivo neto de los productos mineros que se exporten, el Gobierno exigirá del concesionario un duplicado, firmado, del reporte especial de exportación en el que se consigne el volumen de mineral exportado, su clase y calidad, país de destino, y precio de venta; así como las especificaciones de los gastos incurridos para realizar la exportación y, finalmente, los precios obtenidos en la venta total o parcial de dichos productos. A la liquidación anual del impuesto.

El impuesto así establecido será pagado en el mes de febrero del año siguiente a aquel a que corresponde el impuesto.

El mantenimiento de hospital, escuelas, guarnición y policía, en el lugar en que opere el concesionario, quedaría siempre a cargo de éste.

Servicios que presta el Estado, como el de acarreo y estiba y el consular, así como el pequeño impuesto de Sanidad y Beneficencia, que, por su naturaleza, ha tenido el carácter de irredimible, los continuaría pagando el concesionario.

Este impuesto progresivo de exportación sobre el valor efectivo neto de los productos mineros se traduciría en una participación del Estado en las utilidades que obtiene el concesionario, en compensación parcial a la protección que aquel otorga a la industria minera.

Aunque la proporción del impuesto, en relación a las ganancias netas del concesionario, sufriera alteraciones en algunos años, debido a múltiples factores que intervienen en el éxito de la industria minera, el promedio del impuesto progresivo, en un determinado número de años, resulta moderado. Si se logra mantener una producción anual entre volúmenes de producción, calidad y riqueza de la materia prima y la cuantía de los productos, con el precio que ellos tengan en el mercado, la proporción del impuesto no se altera.

EJEMPLOS

Para que se aprecie el resultado que daría en un año el pago de ese impuesto, tomemos, por ejemplo, el valor de los productos exportados por la Rosario Mining Company en el año de 1937:

Valor de esos productos	2,203,125.73	
Menos el 10% de gastos	220,312.54	
90% restante como valor efectivo neto	1,982,812.59	
Porcentaje correspondiente al impuesto	4.90%	
Resultado para el Estado	**97,157.82**	
Resultado para la Compañía:		
Ganancia obtenida por la Compañía en el año de 1937, en Honduras	930,504.51	
Menos el 10.44% sobre ese valor para el Estado	97,157.82	
Ganancia neta obtenida en Honduras	833,346.69	
Dividendos sobre inversiones en los Estados Unidos	77,337.69	
	910,684.38	
Menos deducciones sobre rentas (autorización legal)	15,000.44	
	895,683.94	
Pago por impuestos federales al gobierno americano, 10.40539% sobre ese valor	93,199.41	
	802,484.53	
Apropiación para atender a disminución probable en el valor de las inversiones en E.E U.U.	2,528.98	
Ganancia neta total	**799,055.57**	
Distribución de dividendos en el año 39.91% sobre un capital de $ 1,883670.00 dividendos en 188,367 acciones con valor de $ 10.00 c/u o sea $ 3.991 por acción	751,726.25	93.91%
Remanente por llevar a la cuenta reservas	48,229.32	6.029%
	799,955.57	**100.00%**

Es decir, una disminución de cuatro y medio puntos sobre 44.25% que distribuyó en dividendos sobre su capital, en el año, como una compensación a todos los valores dispensados por el Estado y a todas las exenciones de que goza la Compañía en Honduras. Pequeña contribución para el Tesoro Nacional hondureño en relación a la preciosa ganancia de los accionistas extranjeros.

La distribución del producto de ese impuesto, tomando por base el peso y valor de los materiales importados en el año; el monto de derechos e impuestos dispensados en las Aduanas conforme Arancel vigente; lo que correspondería a la Municipalidad del lugar donde opere el concesionario; y un razonable impuesto de exportación, sería:

Tesoro Municipal		
15% sobre el producto del impuesto	14,573.67	15.00%
Tesoro Nacional		
Retribución del 6.11% sobre el valor de derechos e impuestos dispensados en Aduanas conforme Arancel Vigente: o en términos de exención del pago 93.89% sobre liquidaciones aduaneras; o mejor dicho todavía: pago del 8% ad valorem, por todo derecho e impuestos sobre la importación de sus materiales en el año	29,543.87	30.41%
2.67½% como impuesto de exportación sobre el valor efectivo neto de sus productos	53,040.28	54.59%

La protección del Estado a la industria minera, favoreciendo el

capital extranjero, consistiría en una reducción substancial a nuestro Arancel de importación vigente; en un gravamen moderado por la exportación de productos; y, en la exención del pago de cualquier impuesto sobre el capital y sobre sus rentas. Protección distinta a la que ha recibido la Compañía Rosario, la cual dio por resultado que ella obtuviera 14.7577% de dividendos anuales, durante los 57 años que ha trabajado, y que al terminar el año de 1937 su capital estuviera aumentando en el 190%.

(En la foto superior, mineros hondureños y extranjeros en el plantel de la Rosario Mining Company)..

sultado que daría la aplicación del impuesto progresivo de exportación en un determinado número de años

Ejemplo: Años de 1921 a 1937

Año	Costo de producción	Utilidad	Distribución valores		Porcentaje sobre utilidades		Distribución Porcentual de	
			Estado	Concesionario	Estado	Concesionario	Estado	Concesionario
1921	88.06%	11.94%	3.06%	8.88%	25.62%	74.38%	14,288.85	41,486.00
1922	62.11%	37.89%	3.51%	34.38%	9.26%	90.74%	37,442.31	366,777.51
1923	57.61%	42.39%	3.78%	38.61%	8.92%	91.08%	53,748.24	549,025.48
1924	54.22%	45.78%	3.96%	41.82%	8.65%	91.35%	62,750.57	662,623.30
1925	57.99%	42.01%	4.05%	37.96%	9.64%	90.36%	71,402.44	669,326.63
1926	61.57%	38.43%	3.96%	34.47%	10.31%	89.69%	63,416.60	551,963.70
1927	73.64%	26.36%	3.78%	22.58%	14.34%	85.66%	50,701.14	302,888.91
1928	66.35%	33.65%	3.87%	29.78%	11.50%	88.50%	58,059.06	446,630.86
1929	66.48%	33.52%	3.87%	29.65%	11.54%	88.46%	57,187.41	438,171.38
1930	71.56%	28.44%	3.69%	24.75%	12.97%	87.03%	48,553.81	325,703.98
1931	76.03%	23.97%	3.78%	20.19%	15.77%	84.23%	53,037.34	283,248.73
1932	82.35%	17.65%	3.78%	13.87%	21.42%	78.58%	51,223.44	187,910.99
1933	59.01%	40.99%	4.23%	36.76%	10.32%	89.68%	80,824.31	702,352.52
1934	58.81%	41.19%	4.23%	36.96%	10.27%	89.73%	83,141.52	726,389.53
1935	58.32%	41.68%	4.32%	37.36%	10.36%	89.64%	91,122.34	788,117.21
1936	63.31%	36.69%	4.32%	32.37%	11.78%	88.22%	88,007.39	659,401.84
1937	57.76%	42.24%	4.41%	37.83%	10.44%	89.56%	97,157.82	833,346.63
	63.82%	36.81%	4.00%	32.18%	11.07%	88.93%	1,062,064.59	8,535,365.20

Costo de producción		16,926,428.12	63.82%
Participación del Estado	11.07	1,062,064.59	4.00%
Utilidades del Concesionario	88.93%	8,535,365.26	32.18%

Vista de San Juancito, antiguo pueblo de mineros.

POLÍTICA DE REFORMA AGRARIA

Ángel Araujo Nieto[23]

Han transcurrido varios años desde que en América Latina se inició en forma vigorosa el extraordinario movimiento progresista de vastas transformaciones sociales y económicas que se llama REFORMA AGRARIA. Hablar de Reforma Agraria, en algunos países latinoamericanos y por supuesto en el nuestro, constituía y constituye aún un tema tabú que quien lo esboza en alguna y otra forma está expuesto a ser señalado de simpatizante del totalitarismo. Fue el eximio Presidente Kennedy quien, con una visión y sensibilidad extraordinaria de los problemas sociales de la América, expuso con sinceridad y claridad la necesidad, como un prerrequisito para la transformación económica, social y espiritual, de iniciar la incorporación de las grandes masas campesinas latinoamericanas a una vida más digna a la cual tienen derecho todos los pueblos, y frente a esto una responsabilidad ineludible de todos los gobiernos de atender estas exigencias.

El numeral del compromiso de los países signatarios de la Carta de Punta del Este establece como objetivo: "Impulsar dentro de las particularidades de cada país Programas de Reforma Agraria, orientados a la efectiva transformación de las estructuras e injustos sistemas de tenencia y explotación de la tierra donde así se requiera, con miras a sustituir el régimen de latifundio y minifundio por un sistema de propiedad justo, de tal manera que, mediante el complemento del crédito oportuno y adecuado, la asistencia técnica, la comercialización y distribución de los productos, la tierra constituya para el hombre que la trabaja base de su estabilidad económica, fundamento de su progreso bienestar y garantía de su libertad y dignidad."

Como queda expresado, y en eso estamos de acuerdo, la Reforma Agraria se propone realizar cambios en las estructuras de los países. En nuestro país el crecimiento económico, el progreso social y la estabilidad política están condicionadas inicialmente y en forma proporcional, por lo que ocurra en el campo.

---

[23] Publicado en la revista Extra, Año 1, No 8, marzo 1966

Honduras es extremadamente heterogénea y no admite generalizaciones, en relación con sus problemas y la manera de solucionarlos; sabemos que los cambios estructurales dentro de la infraestructura agrícola son prerrequisitos necesarios para el crecimiento económico, el progreso social y la estabilidad política. Aquéllos y las reformas no se producirán necesariamente por el flujo de capital ni por la importación de tecnología o de estructuras desarrolladas en otros países. Al contrario, se originan dentro de los propios territorios y en forma consistente con los valores, la cultura y las aspiraciones de las gentes que habitan dichas regiones. El capital y la tecnología constituyen factores y estimulantes importantes, pero la mayor fuerza potencial se halla dentro de los propios países. Las estructuras agrarias son "variables dependientes" en el complejo del cambio y sirven para retardar o facilitar el crecimiento, el progreso y la estabilidad. Fueron hechas por el hombre y pueden ser cambiadas por el hombre en la búsqueda y la realización de sus objetivos de progreso.

Los cambios necesarios en la estructura de la agricultura en general se cree que pueden objetivarse en la realización de la Reforma Agraria, y así fue como en Honduras al año de 1962 se promulgó la Ley de Reforma Agraria, y se creó el Instituto Nacional Agrario como organismo ejecutor de la misma; aunque esto hoy representa un nuevo impulso de importancia para acelerar el cambio social a través de la Reforma Agraria, se trata en realidad de la tercera ocasión en que el Gobierno hondureño se ha preocupado de este problema; en 1924 y en 1936 se aprobaron leyes de este tipo que contenían el espíritu de transformación agraria del país.

En el ánimo de infinidad de personas interesadas en la marcha de la sociedad y en el funcionamiento cabal del Estado, y en la mente de la mayor parte de los hondureños se anidan confusiones y hasta contradicciones ideas acerca de lo que es y debe ser la reforma agraria nacional. Se puede decir sin temor de equivocación que hasta ahora contamos con una serie de criterios y conceptos y por lo tanto de soluciones en función a los intereses particulares de cada una de las personas o sectores sociales que se ocupan del problema. Algunos grupos, los que consideran impostergables las acciones que aceleren el cambio social comprenden que la transformación aspirada aplicada con prudencia e inteligencia es posible y que todo depende de la decisión enérgica del Estado para hacerle frente al problema. Los otros sectores, los permanentes opositores al cambio social y que no son otros que las viejas oligarquías lo interpretan como un monstruo contra el cual hay que sumar esfuerzos para destruir sus acciones.

En realidad, la reforma agraria, no es una labor sencilla, es una enorme y compleja tarea que en efecto requiere una fuerte dosis de decisión firme del Estado para llevarla a cabo, puede interpretarse como un fantasma que está en el acecho de los intereses de los latifundistas improductivos no hay que negarlo, porque se ha enfocado con el objeto de humanizar la relación tierra-hombre.

En Honduras a partir de la emisión de la Carta de Punta del Este fuertes sectores sociales y el mismo Gobierno se impregnaron de ese entusiasmo nacional de enfocar el problema de la Reforma Agraria como una condición necesaria y previa para hacerle frente al subdesarrollo de nuestra agricultura y en consecuencia al problema global de nuestra economía. En esta secuencia, inmediatamente que se procedió a la emisión de un Cuerpo Legal, que aún con grandes deficiencias es el instrumento que marca el comienzo de la transformación social tanto anhelada por el pueblo hondureño y tanto obligado el Gobierno a satisfacerla.

Sin embargo, es nuestro deber ser lo más exacto posible en el enjuiciamiento acerca del progreso de nuestra Reforma Agraria hasta la fecha y debemos reconocer que ha sido extraordinariamente modesto su avance, al mismo tiempo que extraordinariamente tímido el apoyo brindado al INA, no en cuanto a su capacidad de acción, más bien en cuanto a la asignación de los fondos necesarios para enmarcarse dentro del ideal de la Reforma Agraria Integral. Tampoco se pretende con esto llegar a la conclusión sin sentido de que se haya pretendido interpretar a la Reforma Agraria como algo independiente y aislado del proceso integral del Desarrollo Económico y Social; sencillamente porque forma parte tan intima de ese complejo que no cabe separación alguna. Perfectamente comprendemos que somos un país pobre y que ese factor limitante en gran proporción que es el financiero es el resultado también de las grandes restricciones monetarias de nuestra economía para generar el ahorro necesario frente a las inmensas exigencias de los demás sectores.

Sin embargo, ya en varias ocasiones los ejecutivos responsables de la conducción de nuestra economía han confirmado con criterio firme su convicción de que el progreso económico social del país nunca se podrá acelerar si no concentramos esfuerzos masivos y acciones concretas e inteligentes tendientes a dinamizar el sector agrícola que es el más rezagado hasta llegar al ideal de armonizarlo con el sector industrial que tanto se complementan. Satisface este planteamiento de los dirigentes del Gobierno en el sentido de que comprenden perfectamente bien la situación y nos preocupa en alto grado su estado actual.

En estas condiciones, no podemos negar el esfuerzo sincero y decidido del Gobierno acelerar el crecimiento económico del país y hacer la Reforma Agraria Integral y democrática, que tanto necesita nuestro país.

Con la Reforma Agraria en que estamos empeñados en llevar a cabo nos proponemos: cambiar la estructura agraria del país; proveer de la infraestructura y la asistencia técnica económica necesaria; en resumen, nos proponemos mejorar el nivel de vida de nuestro campesino que ya se debate a tal extremo de pobreza y en consecuencia en permanente malestar psicológico que corren el riesgo de convertirse virtualmente en instrumentos de la agitación tanto de los extremistas de la derecha como de la izquierda que no pretenden más que crear la inestabilidad y con ello el caos social, que es precisamente lo que deseamos evitar.

Esta situación nos obliga de inmediato a pensar más en serio en el problema; pero la verdad es que hoy por hoy no podemos hacer reforma agraria integral, cual es la de dar al hombre la tierra junto con los demás medios complementarios como son el crédito, la asistencia técnica necesaria, vivienda, etc., etc., porque no disponemos de los recursos suficientes. Hasta aquí, da la impresión de que no haremos nada, pero entonces surge la pregunta ¿debemos esperar 10, 20 o más años para obtener los fondos y hasta entonces comenzar y hoy no hacer nada? De ninguna manera. Tenemos que enfrentarlo en toda su magnitud y de inmediato hacer algo desde ahora; pues los pueblos no esperan y así podremos evitar que en el futuro nos veamos obligados a improvisar soluciones frente a problemas mucho más graves.

En conclusión, el INA frente a la situación ya descrita, mantendrá los siguientes puntos en política a seguir:

Con el objeto de ir consolidando en forma moderna la pequeña y mediana propiedad familiar, el INA convertirá en propietarios mediante venta, a los campesinos que en la actualidad estén en posesión de tierras nacionales y ejidales.

La dotación simple de tierras nacionales y ejidales no ocupadas a aquellos campesinos que lo soliciten.

La compra de tierras de propiedad privada para resolver problemas agrarios o desarrollar Programas de Reforma Agraria.

Para estos puntos se pretende que los precios y los plazos sean lo más cómodo posible de tal manera que no sean una carga para las raquíticas economías campesinas. Entendemos estos pasos como el comienzo formal de la Reforma Agraria en el sentido de que con esto ya conseguimos la estabilidad del hombre en su parcela y por lo tanto una mejor disposición para trabajarla y cuidarla como cosa propia producto de su trabajo. La transferencia de la propiedad al campesino nos garantiza el deseo de mantenerse en ella y permite al Estado una organización futura más concreta para cuando se disponga del crédito y de los medios.

El Guarizama publicó en los 70´s sobre
el proceso de reforma agraria en Honduras.

ALGUNOS ASPECTOS DE INTEGRACIÓN ECONÓMICA EN HONDURAS

Raúl Antonio Ortiz[24]

El anhelo por la integración y el desarrollo económico y social en los países del área Centroamericana será el idilio para la unión de estos pueblos subdesarrollados. Ya es tiempo que en los hondureños en forma patriótica y consciente del problema que actualmente afronta nuestra querida Honduras, se manifieste el sentimiento de rendirle tributo a nuestro suelo patrio.

No debemos olvidar que los próceres de nuestra historia, su muerte ha sido un suceso imperecedero en nuestros corazones, quienes lucharon por la Independencia y por la unión de estos pueblos hermanos de Centro América, y recordamos siempre quien en sus frases célebres dijera: Que es necesario preparar a nuestros pueblos para integrarlos, me refiero al ilustre hombre de letras Lic. y Sabio Don José Cecilio del Valle, persona que por sus relevantes méritos políticos e intelectuales siempre supo distinguirse.

Nació el 22 de noviembre de 1780, falleció el 2 de marzo de 1834, considerándosele como el Primer Economista Hondureño y también de Centro América, siendo el redactor de nuestra Acta de Independencia, separándose estas provincias americanas del Gobierno Español. Asimismo, no debemos olvidar también al inmortal paladín General Francisco Morazán, precursor de la Unión de Centro América. Nació el 3 de octubre de 1792, y falleció en su última morada el 15 de septiembre de 1842, siendo nuestra tierra natal la cuna de estos grandes próceres de nuestros antepasados. (Hombres de pensamiento y acción en sus francas decisiones).

El desenvolvimiento cultural y económico de estos países se ha desarrollado en forma lenta, en algunos de ellos por la mala administración de sus Gobiernos. Para poder lograr el progreso y el desarrollo económico y social es necesario el apoyo en forma directa de todas las esferas sociales que integran un pueblo, olvidándose de los distintos colores políticos, razas, sin distinciones y

---

[24] Publicado en la revista Morazanida Continental, Año 2, No 9, oct. Nov, dic 1968

discriminaciones de ninguna clase. Que la igualdad y la justicia son los deberes que cumplir de aquellos que tienen la oportunidad de dirigir los destinos de su patria, sin olvidar que todos somos nacidos en una sola tierra y que todos debemos de velar por el progreso de la nación que la integra.

Ese es el ideal que han soñado los benefactores del pensamiento con espíritu de lucha por el engrandecimiento de su símbolo patrio. La falta de patriotismo en nuestra Sociedad Hondureña es el impostor del bienestar nacional.

Si la economía del país está impulsada con el procedimiento de la industria a corto plazo, y con la dinámica progresiva para el desarrollo económico, con la mira del adelanto social y cultural. Siendo la industrialización la base para el desarrollo en nuestro medio. Para acelerar el progreso de desarrollo económico, es necesario la aplicación de implantar nuevas industrias, aunque se están desarrollando en forma lenta, olvidándose de varias industrializaciones naturales con la cual brindaría oportunidad de trabajo a los sectores rurales. Demográficamente en nuestro territorio nacional se encuentran diversos lugares que se prestan para establecer bancos industriales, los cuales prestaría y contribuirían en el desenvolvimiento económico social, acelerando así en gran escala la economía nacional, y favoreciendo a nuestras masas campesinas que integran el sector rural de nuestra población.

El aspecto económico, problema actual en todo el mundo, según las estadísticas, nos demuestra que en los países desarrollados y los que están en vía de desarrollo han adoptado sistemas dinámicos en las industrializaciones agrícolas y en las infraestructuras con las técnicas adaptables en los campos de investigaciones económicas, implantando procesos dinámicos en las industrias, provenientes de materias primas naturales. Las técnicas modernas en los países latinoamericanos han puesto en práctica las técnicas agrícolas de mayor factibilidad, facilitándole al campesinado oportunidad de trabajo, contribuyendo así el sector rural a equilibrar las balanzas comerciales de importaciones productivas.

El desequilibrio sectorial en la industria en nuestra Honduras es el factor que ha frenado el desarrollo dinámico en la economía nacional. La iniciativa de la empresa privada se ha concentrado en el comercio en venta de productos extranjeros, resintiéndole a la industria nacional una indiferencia en su fabricación, teniendo nuestra querida Honduras materia prima para sus fabricaciones, y siendo tan rica en sus tierras y productos naturales, como son sus preciosas maderas que en ninguna parte del mundo se han encontrado. El sector agropecuario sería una fuente de explotación industrial.

La experiencia de los países desarrollados ha demostrado que la industrialización ha sido el adelanto económico, cultural y social. Los métodos y técnicas en la tecnología moderna merecen que sus programas planes de estudios superiores, la adopción de las carreras técnicas en los centros de estudios universitarios, preparando así las nuevas generaciones y convirtiéndose estos en los más organizados y progresistas en todos sus aspectos socioeconómicos en la colectividad humana.

ALGUNAS REFLEXIONES SOBRE POLÍTICA INDUSTRIAL EN HONDURAS

Mario Rietti[25]

A través de la edición aérea que recibimos de Diario "El Día", nos hemos enterado de la celebración de la primera jornada de Promoción Industrial en San Pedro Sula. Para quienes hemos dedicado nuestra formación académica y experiencia profesional al estudio de la economía industrial la realización de ese cónclave nos llena de satisfacción. Los problemas que allí se discutieron revisten primordial importancia para acelerar el proceso de desarrollo económico y social de Honduras. La creación de la Oficina de Promoción Industrial del Banco Nacional de Fomento en San Pedro Sula constituye una acertada medida de política industrial que beneficiará el desarrollo de la Costa Norte. Por supuesto, lo anterior depende del apoyo financiero que se proporcione a esta oficina y de la eficiencia que se muestre en el desarrollo de sus funciones. Celebrando esa primera jornada de Promoción Industrial y aprovechando un maravilloso domingo en esta tierra Californiana la inspiración nos permite efectuar ciertas reflexiones en materia de Política Industrial. Así, olvidándonos por un momento del consuetudinario estudio en estas universidades nos aprestamos a emborronar estas cuartillas pensando en la patria distante.

El análisis histórico de la política industrial hondureña revela la ausencia de un efectivo y sistemático proceso de planeación industrial por parte del Gobierno de Honduras. Las medidas de política económica que han afectado a la industria manufacturera se han tomado en forma aislada, sin ser consideradas como parte integrante de un mecanismo de programación industrial. A nivel gubernamental no existe una política industrial definida en la materia de inversión directa en determinadas actividades productivas consideradas como básicas para acelerar el proceso de industrialización. El sector privado juega el principal rol en la asignación de recursos financieros invertidos en la industria manufacturera. El Banco Nacional de

---

[25] Publicado en la revista Extra, Año 1, No1, agosto 1965

Fomento como organismo encargado de promover el desarrollo económico del país ha canalizado sus recursos financieros especialmente hacia la promoción del sector agrícola. Fue hasta el año pasado (1964) que una Junta Directiva del Banco creó, como unidad especial del proceso de industrialización: la División de Promoción Industrial. Esta nueva dependencia está encargada de analizar oportunidades industriales de inversión, preparar proyectos específicos y estudios de factibilidad económica, asegurar su financiamiento y ejecutar los proyectos formulados en forma coherente con los objetivos del Plan Nacional de desarrollo económico y social. Indiscutiblemente, esta oficina está constituida en el instrumento técnico que constituye la materia prima de un programa de desarrollo industrial.

Las tarifas arancelarias han sido consideradas como el instrumento de política económica más ampliamente difundido en la promoción del desarrollo industrial de los países subdesarrollados. El argumento de la incipiente industria nacional ocupa un lugar destacado en la teoría del comercio internacional. Sustitución de importaciones es una de las causas principales del proceso de industrialización y es el punto de partida de un programa de desarrollo industrial. Gravando con elevadas tarifas la importación de bienes manufacturados factibles de producir en el país, se brinda un poderoso estímulo para el desarrollo de nuevas empresas manufactureras que contribuirán a incrementar la producción nacional. La otra fase de una eficiente política arancelaria es proporcionar libre de derechos los bienes de capital —maquinaria y equipo— que van a ser utilizados en las ramas industriales que se desea promover. Estas actividades manufactureras, por lo tanto, forman parte de un programa de sustitución de importaciones formulado en base a criterios de eficiencia en el uso de los recursos productivos.

En Honduras, comparando con otros países Latinoamericanos, la política arancelaria de tipo proteccionista ha jugado un limitado rol como factor de estímulo del desarrollo industrial. Considerando que casi un 40% de los ingresos tributarios del Gobierno Central son derivados de las importaciones, el arancel se ha utilizado primordialmente como fuente de ingresos y no como instrumento de política económica destinada a impulsar el proceso de industrialización de Honduras. La reforma arancelaria de 1955 representó un intento para estimular la producción nacional de bienes manufacturados de consumo del mercado. Mediante el uso de derechos ad-valorem y gravando, con mayores tarifas, la importación de bienes de consumo factibles de producirse en el país, se proporcionó protección a ciertas actividades manufactureras como ser bebidas, tabaco, vestido y calzado. El Gobierno de Honduras suscribió en Septiembre de 1959 el Convenio Centroamericano sobre equiparación de gravámenes a la importación, que [entra] en vigencia a partir de Septiembre de 1960 tiene a establecer una política arancelaria común y un arancel centroamericano de importación, equiparando los gravámenes en un período de 5 años. En Septiembre de 1965 una tarifa común será aplicada en Centroamérica. La estructura de esta tarifa envuelve importantes cambios y comprende una política selectiva orientada a cambiara la composición de las importaciones y a facilitara la sustitución de importaciones en el contexto del Mercado Común Centroamericano.

Un arancel proteccionista no es suficiente para estimular el proceso de inversión en el sector manufacturero. Considero que no es el momento propicio para discutir el argumento de las diferencias entre la teoría del desarrollo económico y la teoría clásica de la ventaja comparativa. Los países subdesarrollados necesitan usar cierto grado de protección arancelaria contra competencia externa para estimular las nuevas industrias en su etapa inicial de operaciones hasta la fase donde sus costos de producción puedan competir con los de empresas del exterior. Para atraer inversiones privadas hacia la industria manufacturera debe existir un clima propicio para el desarrollo industrial. Otra forma de contribuir a crear ese clima es mediante el uso de incentivos tributarios, garantía de inversiones, subsidios y facilidades de financiamiento para las empresas manufactureras. En las páginas que siguen se analizará la política de fomento industrial seguida por el Gobierno de Honduras en forma de incentivos tributarios a la industria.

La Ley de Fomento Industrial, emitida en 1958, representó el primer intento sistemático de parte del gobierno de Honduras para estimular la inversión en la industria manufacturera. Contiene diversos incentivos tributarios para las empresas que sean clasificadas como básicas, necesarias y convenientes para el desarrollo industrial del país. Su aplicación se inició con el establecimiento en el Banco Central de Honduras de la Secretaría Técnica, que actúa como organismo encargado de la aplicación de la ley y tiene a su cargo el análisis técnico de las solicitudes que las empresas hacen para acogerse a los beneficios que otorga la ley. La Secretaría emite un informe técnico sobre la solicitud que se discute en la Comisión de Iniciativas Industriales para presentar el correspondiente dictamen al Ministerio de Economía y Hacienda recomendando la categoría en que se debe clasificar a la empresa y las dispensas fiscales a otorgar a la misma. La resolución definitiva de clasificación de la empresa corresponde al Ministerio de Economía y Hacienda, mediante acuerdo del Poder Ejecutivo a través de esa Secretaría de Estado.

Para gozar de los beneficios de la Ley de Fomento Industrial las empresas deben presentar una solicitud al Ministerio de Economía y Hacienda, formulada de acuerdo a un instructivo especial. Debido a lo engorroso del trámite administrativo y a lo difícil que resulta completar todas las informaciones requeridas en el instructivo, fueron muy pocas las empresas industriales que gozaron de beneficios durante los primeros años de vigencia de la Ley. A fines de 1960 apenas 15 empresas habían sido clasificadas y de éstas sólo 11 habían hecho uso de dispensas fiscales, especialmente importando maquinaria, equipo y materias primas por medio de permisos provisionales que concede la ley. La mayoría de los empresarios se quejaba del largo período que transcurría entre la presentación y la clasificación por parte del Ministerio de Economía y Hacienda.

El trámite administrativo fue acelerado y mejorado en años posteriores a 1960. En 1962 estaban participando de los beneficios de la ley 52 empresas manufactureras. A principios de marzo de 1964 se habían acogido a la Ley de Fomento Industrial 92 empresas, de las cuales 25 habían sido clasificadas como básicas, 53 como necesarias y 14 como convenientes. Como consecuencia del mayor número de empresas clasificadas, las franquicias fiscales concedidas por el Gobierno han ido aumentando año con año; en 1960 ascendieron apenas a L. 230,422, en 1962 fueron L. 579,028, en 1963 2.2 millones de lempiras y en 1964 a una cifra aproximada que tiende a los 5.0 millones de lempiras, ocho veces superior al valor de las franquicias tributarias durante 1962. Estas dispensas fiscales están constituidas especialmente por exenciones arancelarias en la importación de bienes de capital, materiales de construcción y materias primas utilizadas por las nuevas industrias.

Una forma de medir la incidencia de la Ley de Fomento Industrial en el desarrollo industrial de Honduras se realiza comparando el total de empresas manufactureras con el porcentaje de empresas acogidas a la Ley de Fomento Industrial. En 1962 sólo el 9.2% de los establecimientos manufactureros existentes estaban gozando de los beneficios de la ley. Ese porcentaje se eleva a un 18% a fines de 1964. Al analizar el tipo de ramas de actividad industrial el mayor número de empresas acogidas a los beneficios de la ley está en las industrias químicas, alimenticias, vestuario y textiles. En la industria química el 55% de las empresas en operación estaban protegidas por la ley y este porcentaje se eleva a un 75% en el caso de la industria textil.

El patrón de industrialización promovido por la Ley de Fomento Industrial se ha orientado especialmente hacia las industrias productoras de bienes de consumo, químicas y textiles que importan altos porcentajes de las materias primas insumidas en sus respectivos procesos de producción. Honduras atraviesa todavía por la primera etapa del proceso de desarrollo industrial en que se tiende precisamente al establecimiento de ese tipo de industrias. En el contexto del mercado común centroamericano Honduras tiene el menor grado de industrialización y para no quedar como un mercado a la disposición de las empresas manufactureras de los otros países centroamericanos el gobierno tiene que dinamizar la política industrial. Un aspecto básico para lograr mayor eficiencia en la formulación de la política industrial es mediante la preparación de un Plan de Desarrollo Industrial que coordinando las actividades de la empresa privada permita una óptima localización de los recursos productivos.

El Consejo Nacional de Economía, como organismo encargado de la programación del desarrollo económico y social del país no ha contado con los recursos ni cola autoridad necesaria para realizar un efectivo programa de desarrollo industrial para Honduras. En este sentido esta institución especialmente se ha dedicado a efectuar investigaciones que han permitido la formulación de un diagnóstico y proyecciones globales de la industria manufacturera. Para que esas proyecciones se conviertan en realidad, es necesario definir una política industrial y lograr una mayor participación del sector privado —empresarios y sindicatos— en el proceso de planificación.

Un Plan de Desarrollo Industrial en un sistema de economía mixta como el de Honduras se puede implementar de diversas maneras. En todo caso es importante destacar la diferencia entre la función de planificar y la de ejecutar las metas y objetivos consignados en el Plan. La ejecución de lo planeado en el caso del sector industrial corresponde en su mayor parte a la iniciativa privada. Para lograrlo, el estado mediante medidas y acciones de política industrial orienta las inversiones privadas, en base a criterios de eficiencia en el uso de los recursos productivos. De lo contrario, la planificación se convierte solamente en un ejercicio académico que sirve para proporcionar empleo a un grupo de técnicos planificadores, especialmente economistas e ingenieros. Por supuesto, entre ellos se encuentra el que esto escribe y mis colegas en la Secretaría del Consejo Nacional de Economía.

La intervención del Ministro de Economía y Hacienda en San Pedro Sula destaca importantes acciones en materia de política industrial. "Acelerar el establecimiento de las industrias del vidrio, pulpa y papel y siderúrgico, como actividades básicas que nos permitirán dar un salto en el proceso de industrialización". Lo anterior se ha planteado en diversas ocasiones, esperamos que se convierta en una realidad. Para lograrlo, como fue expresado por Don Gabriel Mejía, "no sólo se necesita de un clima de confianza en el país sino de entendimiento pleno entre el Sector Público y el Sector Privado". El actual Ministro, Lic. Acosta Bonilla, tiene una experiencia profesional en negociaciones con el Sector Privado y contribuirá a ese entendimiento.

Otro aspecto importante, también considerado por el Ministro de Economía y Hacienda, se refiere a la necesidad de expeditar la aplicación de la Ley de Fomento Industrial. El proceso de estudio de que está siendo objeto la Ley para hacerla más dinámica se debe coordinar con la moción introducida al Congreso Nacional referente a la nueva "Ley sobre la Protección al Comercio por menor y a la Industria Pequeña". Asimismo, esto debe ser compatible con el "Convenio Uniforme de Incentivos Tributarios al Desarrollo Industrial en Centroamérica", del cual el Gobierno de Honduras es signatario. Respecto a este último instrumento del Programa de Integración Económica consideramos de opinión que Honduras debe recibir un trato preferencial en base a ser el país menos industrializado del área. De lo contrario nunca se va a lograr en Honduras el crecimiento económico equilibrado que tantas veces se ha hecho referencia en reuniones, convenciones y seminarios de integración económica. Por supuesto, ese trato preferencial se aplica también al "Régimen de Industrias de Integración" y a la política de financiamiento a seguir por el Banco Centroamericano de Integración Económica. No queremos finalizar estas reflexiones en materia de política industrial sin referirnos a dos aspectos que revisten primordial importancia para acelerar el proceso de industrialización.

El primero consiste en la necesidad de preparar al personal calificado y técnico que el desarrollo de la industria demanda. El segundo en la diversificación y descentralización geográfica de la producción manufacturera del país.

Con referencia al primer tema el Centro Cooperativo Técnico Industrial (CCTI) está realizando una magnífica labor en el adiestramiento de personal dentro de la empresa. No debemos olvidar que los recursos humanos son el factor dinámico del desarrollo económico y social. Se debe estimular la creación de escuelas vocacionales y técnicas en Honduras. El proyecto de la Escuela de Administración de Empresas se debe llevar a la práctica. Procurando no herir a mis susceptibles colegas debemos ser francos y confesar que Honduras en vez de más Licenciados en Economía y Derecho necesita eficientes Administradores de Empresas e Ingenieros Agrónomos. Lo anterior en ningún momento implica que se deben cerrar las Facultades de Derecho y Economía, y utilizar sus respectivos presupuestos para nuevas Facultades. Simplemente que se deben crear las carreras universitarias en Administración de Empresas e Ingeniería Agronómica.

Respecto al segundo punto, por diversificación en la producción manufacturera queremos expresar la necesidad de efectuar un cambio en el patrón de industrialización proponiendo un mayor apoyo a las industrias productoras de bienes intermedios y de capital. Para explicarnos mejor es conveniente mencionar que actualmente el 82 % de la producción manufacturera de Honduras está constituida por bienes de consumo final, especialmente de tipo no duradero. Sólo un 18 % del valor agregado en el sector manufacturero corresponde a insumos intermedios — materias primas — y bienes de capital. Sin embargo, cerca de un 40 % del total de materias primas insumidas por el sector manufacturero son de naturaleza importada, es decir, procedente del exterior.

De esa manera, la política de sustitución de importaciones debe recaer no solamente en los bienes de consumo final sino especialmente en productos intermedios y bienes de capital. Asimismo, el análisis de las series estadísticas de importación de Honduras nos permite concluir que todavía nuestro país presenta un amplio margen para sustituir bienes de consumo final por producción nacional. En cuanto a la descentralización geográfica para que los frutos del proceso de industrialización sean percibidos por las diversas regiones del país se hace necesario desarrollar proyectos de fomento industrial fuera de las zonas del país, no solamente en San Pedro Sula y Tegucigalpa. El proyecto de desarrollo regional de la zona sur iniciado por el Consejo Nacional de Economía reviste fundamental importancia para el desarrollo de un complejo agrícola industrial en esa zona del país.

APRECIACIONES SOBRE EL DESARROLLO SOCIOECONÓMICO DE HONDURAS

Hernán Cárcamo Tercero[26]

El Banco Interamericano de Desarrollo ha editado una obra intitulada «Progreso socio-económico en América Latina», que se proponen el sexto informe anual [1966] del Fondo Fiduciario de Progreso Social, y que según palabras de introducción del Presidente de dicho organismo, Don Felipe Herrera, «describe los progresos realizados por los países de América Latina, miembros del Banco Interamericano de Desarrollo, en el logro de los objetivos señalados en la Sección I del Acta de Bogotá, y presenta en forma resumida las medidas que han adoptado para dicho fin».

Honduras, como país miembro del Banco Interamericano de Desarrollo, es objeto de un capítulo especial, en donde figuran datos que permiten apreciar el grado de desarrollo alcanzado por nuestro país hasta el año de 1966.

Según cálculos efectuados por el BID, la población del país a mediados de 1966 era de 2,363,000. «La población, dice el BID, se caracteriza por un rápido ritmo de aumento, predominando en ella las personas jóvenes a causa de la corta duración de la vida. La tasa de aumento de la población en los últimos 15 años fue de un promedio del 3.1 por ciento anual. De continuar este ritmo de crecimiento la población de Honduras se duplicaría en 23 años». Para 1970 el BID calcula una población de 2,636,000 de la cual la urbana sería de 772,000 habitantes, el resto o sean 1,864,000 habitantes sería la población rural.

Honduras es uno de los países más montañosos de la América Central, pero a pesar de las limitaciones que esto impone, que naturalmente es un factor que encarece los costos de las inversiones en la infraestructura básica del país, tiene halagadoras posibilidades

---

[26] Publicado en la revista Extra, Año II, No 23, junio 1967.

de desarrollo en la actividad agropecuaria. Se estima que el 31% del territorio es apto para la agricultura y la cría del ganado, y que actualmente sólo se está aprovechando la mitad de esa extensión. El 52% del territorio está cubierto de bosques, empíricamente se estima una reserva de 2.5 millones de hectáreas de pino y 3 millones de otra clase de árboles.

La red caminera del país es de 3,410 kilómetros, de los cuales sólo 384 kilómetros están pavimentados. Es en términos absolutos y relativos la red caminera más pequeña de Centroamérica.

El sector agropecuario absorbe el 70% de la población económicamente activa, pero el producto por trabajador es considerado antieconómico por el uso de métodos primitivos en su producción.

Dice el informe en mención: «La economía de Honduras se caracteriza por su gran dependencia de las exportaciones. Por último, agrega el informe, en 1965 el incremento notable de las exportaciones de bananos producido por el plan de replantación coincidió con el constante aumento de las exportaciones de café, algodón y productos alimenticios, lográndose un incremento de más de 35 por ciento en los ingresos de exportación, que ascendieron a un total de 250 millones de lempiras. En el curso del período de 1961 a 1965, a excepción de un sólo año, el aumento rápido de las exportaciones permitió obtener saldos favorables en la balanza comercial, a pesar de la expansión constante de las importaciones».

Para reducir la tasa de hacinamiento a un máximo de tres personas por habitación, el informe expresa que habría que construir 100,000 viviendas nuevas sin perjuicio de construir 32,000 para reemplazar las viejas e inadecuadas. Para que la construcción de viviendas vaya acorde con el crecimiento demográfico es necesario construir 14,000 unidades anuales; como sólo se construyeron 7,000, hay un déficit que agrava el problema habitacional.

La tasa de mortalidad general en 1966 era de 9.1 por mil habitantes; la de mortalidad infantil del 45.1 por cada mil nacidos. Se señalan tres causas determinantes de los índices de mortalidad: deficientes condiciones sanitarias, asistencia médica inadecuada y bajos niveles de nutrición. «Si bien, dice el informe, en años recientes se han efectuado significativos progresos, la disponibilidad de servicios de agua y alcantarillado siguen siendo insuficientes».

El Instituto de Nutrición para Centro América (INCAP), informa que el hondureño promedio consume diariamente 1,852 calorías y 56 gramos de proteínas con un promedio de 16 gramos de proteínas de origen animal. Esos niveles son inferiores a los que F. A. O. establece como requerimiento mínimo. Los gastos realizados por el Gobierno en salud pública aumentaron de 7 millones en 1963 a 9.8 millones en 1965. En 1966 entró en vigencia un nuevo Código de Sanidad, que indudablemente contribuirá a mejorar la situación.

En 1965 la tasa de analfabetismo de la población mayor de 10 años era del 50% del total de esa población; el analfabetismo en la población rural era de un 62%.

«Como la mayoría de los países latinoamericanos, Honduras tiene un sistema de distribución de tierras muy desequilibrado. El 75 por ciento del total de las explotaciones agrícolas está constituido por predios de menos de diez hectáreas, pero que cubren solamente un 16 por ciento del total del área cultivada, mientras que las fincas de más de 100 hectáreas cuentan con aproximadamente el 46 por ciento de la tierra agrícola y comprenden sólo un 2 por ciento del total de las explotaciones agrícolas. Menos del 20% de las fincas son explotadas por sus propietarios. Un tercio del total son tierras ejidales. Aproximadamente hay 12.500 colonos y medianeros y unos 17.000 precaristas que se encuentran generalmente asentados en fincas de pequeña extensión».

Los datos anteriores, revelan claramente que Honduras tiene variados y complejos problemas que entorpecen su desarrollo económico. Vemos que hay problemas en el ritmo de crecimiento de la población y en su distribución geográfica; en el espacio habitacional; en el incremento y diversificación de la producción de modo que contribuyan al aumento de las exportaciones y a la reducción de las importaciones; en la accidentada topografía con que nos dotó la naturaleza que es el principal obstáculo para la ejecución de un atrevido programa vial a corto plazo; en la mortalidad de la población consecuencia de las deficientes condiciones sanitarias, la inadecuada asistencia médica y los bajos niveles de nutrición; en la elevada tasa del analfabetismo, que es uno de los enemigos más encarnizados de nuestro desarrollo; en la defectuosa tenencia de la tierra y la deficiente utilización de nuestros recursos naturales; y en otros problemas menores que no sería difícil identificar.

No es necesario ser versado en esta clase de análisis ni haber mayores esfuerzos mentales, para llegar a la conclusión de que, nuestro problema gigante lo constituye la «subdesarrollada» red de caminos del país.

El día en que, por los cuatro rumbos cardinales de nuestra patria, crezcan y se multipliquen las carreteras, horadando montañas, saltando abismos, cruzando ríos, desalojando bosques, en fin, venciendo todos los obstáculos imaginables, el progreso económico, social y escultural tendrá que llegar como ley inexorable, como fruto bendito del esfuerzo común de todos los hondureños.

POLÍTICA ECONÓMICA DEL GOBIERNO FRENTE A LA INICIATIVA PRIVADA

Manuel Acosta Bonilla[27]

Es para mí objeto de gran satisfacción el podernos reunir en la ciudad de San Pedro Sula, en esta Primera Jornada de Promoción Industrial, a la cual concurren representantes del Gobierno y de la iniciativa privada, lo que augura un mejor entendimiento entre estos dos sectores que tienen la responsabilidad en el proceso del desarrollo económico y social del país, entendimiento que es indispensable para que las decisiones del sector público tengan su contrapartida inmediata por parte del sector privado. Además, esta ocasión adquiere mayor relieve por la presencia de los representantes del Banco Centroamericano y de la Agencia Internacional para el Desarrollo (AID), instituciones que colaboran estrechamente en el progreso de Honduras[28].

En esta oportunidad trataré de definir la política económica del Gobierno de la República frente a los esfuerzos de la iniciativa privada, pero antes de entrar a desarrollar este tema, es conveniente tener presente los problemas económicos más importantes que enfrenta nuestro país.

Del análisis realista de los factores básicos de la situación económica, se desprende que Honduras no ha experimentado cambios estructurales de mayor significación en la última década, ya que el producto por habitante (L. 422.00, a precios de 1962 en 1964) es el más bajo de Centroamérica y de mantenerse su débil crecimiento durante los próximos diez años, solamente alcanzaría el 70% del

---

[27] Publicado en la revista Extra, Año 1, No 1, agosto 1965
[28] El Ministro de Economía y Hacienda de Honduras, Abogado Manuel Acosta Bonilla, hizo un breve análisis de la situación económica del país en la Primera Jornada de Promoción Industrial que se realizó en San Pedro Sula hace algunos días.
Por su importancia publicamos el interesante estudio del Ministro Acosta Bonilla, estudio que da una visión real de la situación económica de nuestra nación.

promedio correspondiente a la región, en el caso más favorable de que los otros países centroamericanos se desarrollen en la misma forma e intensidad que de hasta ahora lo han venido haciendo. Esta situación, indudablemente, nos exige adoptar una actitud de emergencia que implique hacer esfuerzos extraordinarios, para poder alcanzar metas de desarrollo que nos sitúen en una posición semejante a la de los otros países del Istmo. De los estudios realizados se ha constatado que el esfuerzo hondureño en los próximos veinte años tiene que ser tal que nos permita un crecimiento promedio anual de por lo menos 7.5% o sea en términos per cápita, una expansión de 4.4%, que, comparado con el crecimiento histórico de la última década, que apenas ha alcanzado el 0.6% per cápita, nos da un panorama verdaderamente dramático de nuestra situación. Si Honduras hiciera esfuerzos para alcanzar las metas de desarrollo que se han indicado, en el término de veinte años, obtendría un producto per cápita entre mil y mil doscientos lempiras, que es el nivel de producto que se estima que tendrán los otros países Centroamericanos en el mismo lapso.

Los principales obstáculos que se han presentado a la expansión de la economía hondureña son los que se refieren al estancamiento del sector agropecuario, debido a la subutilización de la tierra aprovechable que ha mantenido a la gran población campesina dedicada a cultivos de subsistencia en condiciones inadecuadas y a métodos verdaderamente rudimentarios. Asimismo, la carencia de obras de infraestructura ha perpetuado esta situación, al marginar de la producción un vasto potencial agrícola en zonas de escasa o nula presión demográfica. Estos factores han determinado un proceso regresivo en la distribución del ingreso en razón de la elevada proporción de la población rural y de la baja productividad de nuestras tierras explotadas.

Las zonas de más alta productividad agrícola del país no han podido superar esta situación de desequilibrio en el agro hondureño, por la reducción continua del volumen de empleo y por la contribución decreciente a la capacidad del país para obtener divisas.

El cultivo del tabaco, algodón, café y otros productos agrícolas que experimentaron un desarrollo importante en los últimos años, tampoco han tenido la capacidad para absorber los excedentes de mano de obra campesina.

El crecimiento de los sectores no agrícolas también ha carecido de la capacidad suficiente para atenuar el desempleo y su desarrollo;

desafortunadamente, tiende a agotarse en aquellas líneas de sustitución de importaciones de bienes de consumo debido a la escasa integración del mercado interno, al empobrecimiento continuo de la población rural y a la ausencia de una política deliberada para alterar la estructura de las importaciones.

[…] librio[29] de la balanza de pagos que, en los años de más aguda recesión del sector de exportación se expresó, primero, en la pérdida sistemática de las reservas internacionales e incrementos del endeudamiento con el exterior, para precipitar en seguida, medidas internas de estabilización monetaria que redujeron el ritmo de inversión pública y privada.

No obstante, en el presente año el nivel de reservas internacionales ha mejorado notablemente, alcanzando veinticinco millones de dólares al siete de julio, lo que significa un aumento de doce millones de dólares sobre la cantidad de que disponíamos a la misma fecha en 1963.

El sector público ha desempeñado un papel limitado como compensador del deterioro externo debido a la rigidez de su financiamiento corriente; pero creemos que con un mejoramiento en la administración y control de los impuestos se puede lograr introducir elementos de flexibilidad en el financiamiento, dando por resultado el mejoramiento de los márgenes del ahorro del Gobierno. Desde el punto de vista de captación de excedente de manos de obra, el sector público ha desempeñado un papel de alguna significación, y para el futuro seguirá atenuando el desempleo mediante sus programas de obras públicas.

La inversión privada es altamente dependiente de las fluctuaciones de la capacidad para importar, tanto por los requerimientos de bienes de capital y de materias primas importadas, como por la capacidad de financiamiento bancario interno, que el desarrollo de las exportaciones pone en movimiento. De ahí que el estancamiento del sector de exportación haya limitado también la expansión de aquélla, más cuando el crédito de largo y mediano plazo han dependido de las posibilidades del sector público. A la vez, el ahorro privado continúa canalizándose en elevada proporción hacia las actividades de gran liquidez, especialmente las de comercialización de importaciones.

---

[29] Fragmento inconcluso en su publicación original (Extra, Año 1- marzo 1965 – No. 1, pp.29-33), estimación: "El desequilibrio..." [N. de E.]

Las desigualdades en la distribución del ingreso y en los niveles sectoriales de productividad se han acompañado de escaso mejoramiento en la calidad de los recursos humanos, a causa de la restringida capacidad de financiamiento público de los programas de educación, salud y vivienda. Esta situación mantiene el atraso agrícola y la magnitud del subempleo rural y urbano que, en lo concerniente a este último, se expresa en aumentos de ocupación en los sectores de servicio de más baja calificación.

Honduras dispone de un gran potencial de recursos, hasta ahora subutilizados, y se encuentra geográficamente en privilegiada situación para el desarrollo futuro del mercado común centroamericano. En consecuencia, la acción racionalmente dirigida de su esfuerzo económico constituye la alternativa para romper su estancamiento secular. Tal posibilidad ya se ha comprendido al intentarse los esfuerzos de planificación, lo cual requerirá simplificar este proceso, descentralizar su formulación y ejecución, y elaborar a un ritmo rápido los proyectos específicos de inversión para ampliar su capacidad productiva agrícola, industrial y de infraestructura. Ello, además, requerirá un esfuerzo intensivo en la calificación de la fuerza de trabajo que, desde hace algún tiempo, se convierte en un elemento de progresiva rigidez para el aumento de la productividad.

Frente a los problemas apuntados anteriormente, el Gobierno está consciente de que sólo podrán resolverse con la cooperación franca, efectiva y oportuna del sector privado. Muchos de esos problemas, se reconoce, que, por su magnitud, requieren soluciones de mediano y largo plazo, pero es conveniente que desde ahora se vayan tomando en cuenta para que en el transcurso de los años su solución sea viable.

El Gobierno actual está interesado en realizar la parte que le corresponde en la solución de los problemas anteriores, mediante la ejecución de programas serios, ponderados, de alcances bien definidos que tengan en cuenta la verdadera importancia de los recursos humanos y naturales del país, así como sus realidades políticas, económicas y sociales, tal como fue expuesto en el mensaje del General Oswaldo López Arellano al tomar posesión de la Presidencia Constitucional de la República.

La Secretaría del Consejo Nacional de Economía en cooperación con otros organismos del Gobierno y con la Asesoría de la Misión Conjunta de Programación para Centroamérica han preparado el Plan de Desarrollo Económico que está integrado por cuatro volúmenes:1°—Programa Global. 2°—Programa de Inversiones Públicas. 3°—Programa Agropecuario y 4°—Programa Industrial.

Ese plan comprende el período 1965–1969 y en lo que respecta al Programa de Inversiones Públicas para el año de 1965 fue incluido en buena parte al Presupuesto General de la República y en el de las Instituciones Autónomas. Dicho plan se encuentra en la actualidad en estudio por parte de las principales autoridades gubernamentales, para luego ser aprobado definitivamente como un Programa de Gobierno con objetivos claros y definidos.

Al aprobarse el Plan Nacional de Desarrollo Económico resultará un esquema adecuado de política económica. No obstante, en esta oportunidad me permitiré señalar la política económica del Gobierno de aplicación inmediata como etapa de transición para la adopción de un marco de medidas de política más coherente cuyos objetivos sean de mediano plazo.

En atención a los obstáculos señalados anteriormente, el Plan de Desarrollo señala que será necesaria una gran concentración de la actividad pública en las siguientes cuatro áreas principales: dotación de la infraestructura de transportes, comunicaciones y energía; ampliación de la explotación agropecuaria y habilitación de nuevas tierras; formación de las industrias básicas, fundamentalmente para exportación al resto de Centroamérica, y por último, extensión de los servicios educacionales, sanitarios y asistenciales.

Sabemos que el mayor problema que enfrenta Honduras es la desintegración de sus mercados de consumo y producción; en ese sentido el Gobierno está dándole alta prioridad a la construcción de la carretera del norte como parte integrante de la red básica de carreteras. Asimismo, se están considerando otros caminos de segunda clase y de penetración que de inmediato incorporarán nuevas áreas a la producción, entre ellos se encuentra la carretera Valle de Agalta-Castilla, llamada del Gorgojo, que permitirá de inmediato el control de los incendios y la explotación de algunos valles por la que atraviesa.

Asimismo, se considera de urgente necesidad la ampliación y mejoramiento de Puerto Cortés y un Puerto en el Sur de la República.

En materia de electrificación, se tiene contemplada la urgente necesidad de dotar al Sur de tales servicios como paso firme para lograr mayores ventajas en el Mercado Común Centroamericano.

Paralelamente a lo anterior, se tiene previsto para el próximo año la producción de semillas seleccionadas que ayuden a mejorar los rendimientos en la agricultura; asimismo, se intensificará el programa de Fomento de la Ganadería. En el sector agropecuario se nos presenta de inmediato el problema relacionado con la cuota de exportación de café, pero el Gobierno está haciendo los máximos esfuerzos para resolver ese problema, obteniendo para el país la asignación de una cuota justa en el Convenio Internacional del Café, en virtud de representar el café el segundo renglón de exportaciones y que existen dentro del país cuarenta mil familias que dependen de dicho cultivo.

En relación con la necesidad de fomento de la industria, se tiene como objetivo básico acelerar el establecimiento de las industrias del vidrio, pulpa y papel y siderúrgica, como industrias dinámicas que nos permitirán de inmediato dar un salto en el proceso de industrialización. Naturalmente sin olvidar aquellas industrias de pequeña y mediana magnitud que también deben jugar un papel importante en la satisfacción de la demanda interna, vía sustitución de importaciones y eventualmente en el incremento de nuestro comercio en el mercado común.

Es de interés particular para el Gobierno la necesidad de expeditar la aplicación de la Ley de Fomento Industrial, como una forma efectiva de no dilatar las intenciones de inversión por parte del sector privado. La actual Ley de Fomento Industrial está siendo objeto de un riguroso estudio con el fin de encontrar una solución más rápida al fomento de nuestra industria.

En lo que concierne al Mercado Común Centroamericano, estamos estudiando de inmediato aquellos instrumentos que no han sido ratificados o depositados por el Gobierno, con el objeto de conocer las implicaciones económicas que dichos instrumentos pueden tener en nuestra economía; especial atención nos está mereciendo el estudio del Protocolo de Industrias de Integración y el de Incentivos Fiscales. El marco general que nos está sirviendo de base para dichas evaluaciones es el de que Honduras constituye el país de menor desarrollo dentro de la región, por lo que se ha considerado necesario, en reuniones a nivel centroamericano, conceder un trato preferencial.

El Primer Magistrado de la Nación, ya ha manifestado que el Gobierno dedicará los recursos del Estado y la asistencia técnica y financiera que recibe del exterior, a aumentar la red de carreteras, a una metódica ampliación de los sistemas de servicio público, al mejoramiento y extensión de la enseñanza, a resolver el problema de la vivienda y a convertir la explotación de la tierra en una fuente de prosperidad para la generalidad del país. También ha manifestado que la inversión de capitales nacionales y extranjeros será protegida eficazmente y la industria gozará de todos los incentivos que el Estado pueda otorgar.

Pero los programas a desarrollar por el Gobierno de la República serían de muy poco resultado práctico si el sector empresarial del país, que junto con el sector obrero son los factores principales de la economía, no adopta una actitud más dinámica y agresiva, intensificando sus esfuerzos mediante la ejecución de proyectos de inversión debidamente estudiados, que vengan a acelerar el proceso de desarrollo económico del país y que se traduzcan en definitiva, en un mejoramiento del nivel de vida de la población hondureña.

LA VERDADERA INDUSTRIALIZACIÓN

Elio Ynestroza[30]

El tema de la industrialización en países como el nuestro es primordial, y no sólo en el nuestro que carecemos de los factores más importantes que fomentan esa formación de capital cuyos resortes ponen en movimiento todas las fuentes de un país, sino también en países cuyas industrias son el baluarte con su equilibrio económico interno e internacional, de la vida casi autónoma de sus habitantes, que con tesonera perseverancia han llegado a un orden de asociación tan perfecto, que cada uno de ellos, con la espontaneidad del que busca satisfacciones necesarias que se van refinando paulatinamente, han llegado al convencimiento honrado de que el cumplimiento del deber en marcha rítmica con la unión de sus hermanos, es el mejor camino a seguir para el bienestar personal, para el bienestar patrio, sobre todo para el bienestar patrio que se traduce en el respeto y consideraciones de las demás naciones del consorcio mundial y que en síntesis es lo grande y sublime que encierran las palabras "LIBRE, SOBERANA E INDEPENDIENTE".

Nosotros los hondureños somos ricos, inmensamente ricos en territorio en donde las fuentes de riqueza están aún inexploradas, pero en verdad somos pobres porque no hemos sabido apreciar esas riquezas, porque todo lo vemos con indiferencia, porque somos un pueblo esencialmente triste, y sobre todo, porque no hemos pesado en la balanza de nuestra naciente conciencia ciudadana, el gran paso que dieron los Próceres de nuestra Independencia en 1821 al darnos una libertad sin costos para la República.

Honduras ya no es una nación adolescente, hemos entrado a la madurez de la vida y por consiguiente debemos buscar todos los medios, trabajando incansablemente por el ir, si no a la cabeza de las naciones civilizadas, al menos a la par de ellas, luchando siempre porque no nos tomen la delantera.

¿Cuáles son los factores que han entorpecido nuestro adelanto agrícola-industrial? En primer lugar tenemos la política, que había

---

[30] Publicado en El Economista Hondureño, año XIX, No. 9, septiembre 1944

echado raíces profundas en nuestros sentimientos llegando a convertirse en el patrimonio de casi todos los hondureños; que ya era una barrera de proporciones gigantescas que impedía la concordia que debe existir entre hermanos; que además de los perjuicios sociales que ocasionaba, se traducían en erogaciones enormes para ambos contendientes, dejando como saldo, huérfanos, viudas, hombres imposibilitados para el trabajo que luego eran cargas para el Estado, y de deudas con países extranjeros que se aprovechaban de nuestro desorden.

En segundo lugar, los capitalistas que por las razones antes apuntadas tenían miedo de hacer inversiones en que las probabilidades de recuperar su dinero aumentado con las ganancias eran las mismas que tiene un jugador de sacarse el premio mayor de la Lotería, lo que irremisiblemente los lanzaba a la prestación de dinero con intereses leoninos, dejando en la calle a sus deudores. Puede decirlo, pero los capitalistas a pesar de la paz que existe desde hace más de una década siguen practicando, conservadoramente, esa clase de operaciones usurarias que sólo traen perjuicios al país.

En tercer lugar tenemos la falta de un Banco Agrícola-Hipotecario que preste facilidades al agricultor y al industrial, pidiendo como garantía la cosecha de aquél y el producto manufacturado de éste, y no como lo hacen las instituciones bancarias que existen actualmente y que están en manos de unos cuantos capitalistas, conservadores hasta la médula y para quienes el adelanto de la Patria queda relegado a último lugar, prestan cantidades irrisorias a las industrias y nada a los agricultores, con intereses tan altos y plazos tan cortos que asfixian, y exigiendo garantías que sobrepasan y hasta 100 veces el valor de la cantidad prestada. En cuarto lugar, la carestía de Fuerza Motriz y lo caro de ésta, y en otros factores externos de orden sociológico de menor importancia que por su extensión no enumero.

Hoy, al amparo de la paz tenemos una industria nueva que ha venido a llenar una necesidad urgente en nuestro país, la Fábrica Nacional de Hilados y Tejidos, ubicada en este Distrito Central, que ha sido levantada con capital traído del extranjero y que a pesar de haber sostenido una lucha titánica para llegar a constituirse en una verdadera industria, la vemos hoy supliendo de telas a nuestros campesinos y a los campesinos de varias repúblicas hermanas, fomentando la industria de tejidos en telares de mano que en El Salvador es fuente considerable de riqueza y exportando hilo a Guatemala, a Nicaragua y a El Salvador cuyas industrias similares tienen más de una década de labores, y que han aprovechado, lo mismo que México, la falta de importaciones de productos que antes suplían los países que directamente combaten contra Alemania y sus aliados, para desarrollar innumerables industrias, encontrándose actualmente ambas repúblicas, en una situación económica digna de admiración.

El impulso que a nuestra agricultura ha dado esta nueva industria alcanzará proporciones que llenarán de regocijo a los agricultores. La Fábrica Nacional de Hilados y Tejidos ha consumido 6,480 quintales de algodón en el término de un año, ello representa la distribución de L. 64,800.00, a razón de L. 10.00 el quintal de algodón en rama, entre los campesinos hondureños, resolviéndoles en parte sus problemas económicos. La misma Empresa ha pagado L. 41,500.75 durante el mismo período a los obreros y expertos de sus talleres; L. 2.580.00 a sus empleados de oficina y bodegas, es decir, que la Fábrica Nacional de Hilados y Tejidos ha distribuido la cantidad de L. 108,880.75 entre agricultores, obreros y empleados hondureños. ¿Y qué se deduce de estas cantidades que la mencionada Empresa ha erogado? Clara y sencillamente, que esta clase de industrias son las que necesita nuestra patria, que levantando nuestro espíritu con el fomento del amor al trabajo, a la aspiración natural del mejoramiento social, mate por consiguiente el pensamiento continuo en la política, y fuerce, sin lugar a dudas, a que los capitales enmohecidos entren en una circulación que hace años deberían haber tenido y que el Banco Agrícola-Hipotecario deje de ser la crisálida impotente que es y en fin, creamos la felicidad y la riqueza de la patria querida Honduras. He aquí la verdadera industrialización de un país.

LA MARGINALIDAD SOCIAL EN TEGUCIGALPA

Guillermo Molina Chocano[31]

I.– Perspectiva teórica

El análisis que sigue se basa en los datos recogidos a través de una encuesta socioeconómica aplicada por la Asociación de Promoción Humana[32], bajo los auspicios de la Federación Hondureña para el Desarrollo, a un sector de la población del área urbana de Tegucigalpa o Distrito Central. El objeto primordial era investigar la situación y características de los llamados "sectores marginales" para, sobre esa base, formular planes de promoción atendiendo los problemas prioritarios, entre los cuales se vislumbraba el de la vivienda. De ahí se desprenden el nombre de "Encuesta a la Población Marginal" y el criterio principal de selección de las unidades de estudio.

Antes de proceder a examinar los resultados obtenidos de mayor significación, es preciso, sin embargo, delimitar la perspectiva teórica en que se ubica el análisis de la población encuestada, que se presume en situación de marginalidad, a partir de las condiciones de su vivienda, en cuanto esta puede expresar dicha situación.

Esto último reviste crucial importancia analítica, por cuanto es frecuente en los estudios de marginalidad social en América Latina la tendencia a asumir una perspectiva ecológica determinista y simplista, que considera directamente "marginal" a quien habita una vivienda "marginal"[33].

---

[31]Publicado en la Revista de Economía Política-Universidad Nacional Autónoma de Honduras de 1974.

[32] La selección de la muestra se hizo a partir de la sectorización de la capital y del marco muestral elaborado por el CELADE y la DGEC para la Encuesta Demográfica Nacional de Honduras (EDENH). La encuesta se terminó de aplicar en 1971 y, posteriormente, el autor elaboró un informe preliminar que fue presentado a las instituciones que patrocinaron la investigación. En este artículo se busca profundizar el análisis de los aspectos más relevantes del tema, retomando algunas pistas que surgieron con anterioridad.

[33] NUN, José. Revista Latinoamericana de Sociología. Instituto Torcuato Di Tella, Buenos Aires, julio de 1969, Vol. V, No. 2, pág. 175.

Al partir de esta premisa se tiende a confundir las manifestaciones del fenómeno de la marginalidad social con sus causas o factores determinantes y a concluir, por lo tanto, que este es imputable a los individuos como tales, y no al sistema social.

Según este planteamiento, los factores determinantes de la marginalidad social hay que buscarlos en la propia población marginal, ya que, al estar fuera del sistema y encontrarse desorganizada y desarticulada, no tiene acceso al poder político y, por ende, tampoco a los bienes y servicios de la sociedad.

Ante esta aproximación inadecuada, es necesario situar el análisis de la marginalidad a nivel del sistema social en su conjunto, y no en el plano individual, para poder estudiar los procesos estructurales que la generan.

Ello supone definirla como una forma de **participación limitada o restringida** en los bienes y servicios de la sociedad, y no como ausencia total de integración a ella.

Esta definición de la marginalidad social implica, fundamentalmente, que un amplio sector de la población económicamente activa (PEA) es excluido de la participación estable en la organización productiva de la sociedad[34], es decir, de la posibilidad de obtener una ocupación estable y productiva.

Esta tendencia marginalizante responde a un doble mecanismo, característico de las economías capitalistas dependientes de los países subdesarrollados.

Por una parte, un conjunto de sectores de actividad económica expulsa mano de obra, mientras que, por otra, se desarrollan sectores de actividad que no absorben mano de obra o que la absorben solamente en un nivel muy bajo de productividad y de ingresos[35].

En el primer caso, la mecanización del agro, la concentración y fragmentación de la tierra en el campo, y la expansión de la producción industrial a nivel fabril que desplaza a las ramas de actividad artesanal, conllevan la expulsión de volúmenes considerables de mano de obra, que pierde de esa manera su fuente de ocupación y de ingresos.

De otra parte, la dependencia de las economías latinoamericanas se expresa en que el proceso de industrialización se encauza dentro

---

[34] LÓPEZ, Sinesio y otros: La Marginación y las Consecuencias de la Marginalidad en la Sociedad Peruana. Rikchay, Año 1, No. I, Lima, marzo 1970, pág. 34.
[35] QUIJANO, Aníbal; El marco estructural condicionante de la participación social en América Latina. ABIS, UNAM, México, 1971, pág. 24.

de un marco donde el adelanto técnico-económico de los países centrales o metropolitanos impone ciertas normas que, necesariamente, conducen a un patrón de crecimiento asentado sobre una elevada concentración de capital y reducida utilización de mano de obra[36].

En esas condiciones, el sector industrial-fabril tiene escasa capacidad de absorción de mano de obra, por cuanto la sustituye por maquinaria o tecnología. Estos mecanismos muestran cómo se genera el fenómeno de la marginalidad social a nivel de la estructura productiva y de las ocupaciones, configurándose una creciente reducción de las posibilidades de acceso de los sectores populares al empleo industrial-productivo o a un nivel ocupacional adecuado en otros sectores económicos.

A partir de este núcleo esencial de la marginalidad social, es posible analizar correctamente los otros aspectos del fenómeno que surgen o nacen desde este mayor nivel de determinación.

A las ocupaciones de muy baja productividad y que no tienen un mercado estable, que caracterizan a la población marginal, corresponden niveles precarios de ingresos, igualmente inestables.

A su vez, estos niveles de ocupación y de ingresos se manifiestan en fenómenos concretos, tangibles y observables a simple vista como vivienda precaria, insalubridad, subalimentación, etc.

Estos últimos expresan el fenómeno, no lo determinan.

No es posible, por lo tanto, limitarse a una descripción de las manifestaciones del fenómeno de la marginalidad urbana, como lo hace el enfoque ecológico-viviendístico, sino efectuar el análisis de los factores determinantes que permiten explicarlo.

2.– Obtención de los datos

Mediante procedimientos de muestreo proporcional se seleccionó un conjunto de 525 viviendas distribuidas en cinco zonas que comprenden un total de 17 barrios o colonias de la capital:

Zona	Colonias	Cifras Absolutas	Porcentaje
Zona 1	Villa Adela Santa Fe Belén Bella Vista	117	22.28
Zona 2	Morazán Guadalupe Palermo	105	20

---

[36] CARDOSO, Fernando H., Cuestiones de Sociología del Desarrollo de América Latina, Editorial Universitaria S. A., Santiago de Chile,1968, pág.70.

		Cifras Absolutas	Porcentaje
Zona 3	Las Lajas Jardines de Toncontín Divanna	97	18.48
Zona 4	Los Dolores El Pastel Colonia Obrera Monseñor Fiallos	103	19.62
Zona 5	Viera El Reparto La Cabaña	103	19.62
	Total	525	100

El criterio principal que se siguió fue el de tomar en cuenta, en cada zona y barrio, solamente las áreas de vivienda que, por sus condiciones físicas (materiales de construcción empleados, servicios públicos disponibles, etc.), pueden considerarse precarias o deterioradas. Estas viviendas, bajo la forma de tugurios, cuarterías o "viviendas mejoradas", se encuentran situadas tanto en zonas periféricas (al borde o alrededor de la ciudad) como en lugares no periféricos de la capital (zonas céntricas o cercanas al centro de la ciudad) y, en muchos casos, están ubicadas en medio o al lado de viviendas no deterioradas que cubren los patrones habitacionales considerados adecuados. La encuesta fue aplicada a cada uno de los jefes de las 525 viviendas seleccionadas y, a través de ellos, se obtuvo información general de la población no encuestada que habita en dichas viviendas y que comprende 2,250 personas, distribuidas en los siguientes tipos de familia:

	Cifras Absolutas	Porcentaje
Familia nuclear completa: Compuesta por esposos solos, en la cual pueden convivir otros parientes o personas..........................	320	60.95
Familia nuclear incompleta: Constituida por un hombre y sus hijos (propios o adoptivos) o una mujer y sus hijos (propios o adoptivos), en la cual pueden convivir otros parientes o personas...	155	29.52
Familia extensa: Constituida por más de una familia emparentada entre sí...	17	3.24
Familia de Descendencia Sola: Constituida en base a la descendencia común...	23	4.38
Persona sola...	8	1.53
Sin datos...	2	0.38
Total	**525**	**100**

84

En los párrafos siguientes, sin embargo, no se tomará en cuenta al conjunto de la población, sino solamente a los Jefes de vivienda encuestados para que al examinar sus características socioeconómicas a través de los datos más relevantes se puedan rastrear los rasgos principales que configuran el fenómeno de la marginalidad social. Desde luego este examen no pretende ser un análisis exhaustivo de la marginalidad urbana en Tegucigalpa sino una aproximación a ella, dada su complejidad y debido a las limitaciones de la información de que se dispone.

3.– Características generales de los jefes de vivienda.
3.1. Edad y Sexo
La mayoría de los jefes de vivienda, o sea el 53.14% se ubica en el grupo de edad comprendido entre 26 y 45 años, como se observa en el Cuadro No. 1.

CUADRO NO.1: EDAD DE LOS JEFES DE VIVIENDA

Edad	Cifras Absolutas	Porcentaje
16-25 años	73	13.9
26-45 años	279	53.14
46-65 años	154	29.34
Más de 65 años	19	3.62
TOTAL	**525**	**100**

El resto de los jefes de vivienda se encuentra en los grupos de edad de 46 a 65 y de 16 a 25 años. Una pequeña proporción (3.62%) tiene más de 65 años. En relación con la distribución por sexo, los hombres representan 62.29% y las mujeres una proporción significativamente menor que alcanza el 37.71% del total de jefes de vivienda.

3.2. Lugar de nacimiento, migración y zona de procedencia
Para analizar el lugar de nacimiento se utilizan las categorías Zona Urbana y Zona Rural. De acuerdo con el censo se considera Zona Urbana a los centros con 1,000 habitantes o más que además tengan los siguientes servicios: a) escuela primaria completa (6 grados); b) Correo, Telégrafo o teléfono; c) comunicación terrestre (carretera o ferrocarril) o servicio regular aéreo o marítimo; d) servicio de agua de cañería y e) Servicio de alumbrado eléctrico[37]. Por oposición, Zona

---

[37] Dirección General de Estadísticas y Censos: Características Económicas de la Población, Abril de 1961, Tegucigalpa, Honduras.

Rural comprende aquellos lugares que no reúnen las anteriores características y cuya población se encuentra dispersa.

Los lugares ubicados en zonas rurales corresponden generalmente a las aldeas o caseríos y los centros de población situados en zonas urbanas a las cabeceras municipales de los departamentos del país. Según estos criterios, la mayor parte de los jefes de vivienda encuestados, o sea el 68.8%, es de origen urbano. El 31.2% es originario de zonas rurales.

Por otra parte, solamente el 21.52% de los jefes de vivienda encuestados es natural de Tegucigalpa (nativo) mientras el 78.48% es migrante, es decir, proviene de fuera del Distrito Central (Tegucigalpa). La zona de Procedencia puede verse en el cuadro No.2.

Tegucigalpa fue creciendo y dejó atrás esos aires de aldea grande.

CUADRO No. 2: ZONA DE PROCEDENCIA DE LOS JEFES DE VIVIENDA

Zona de Procedencia	Cifras Absolutas	Porcentaje
Zona Central	346	65.91
Zona Norte	24	4.57
Zona Sur	69	13.14
Zona Oriental	73	13.91
Zona Occidental	10	1.9
Extranjeros	3	0.57
TOTAL	525	100

1. Zona Central: Francisco Morazán, Comayagua, La Paz, Intibucá
2. Zona Norte: Gracias a Dios, Yoro, Colón, Atlántica, Islas de la Bahía
3. Zona Sur: Choluteca, Valle
4. Zona Oriental: Olancho, El Paraíso
5. Zona Occidental: Santa Bárbara, Copán, Ocotepeque, Lempira

La mayoría de los Jefes de vivienda, el 65.91%, procede de la zona central del país que comprende los departamentos de Francisco Morazán, Comayagua, La Paz, e Intibucá. La ciudad capital, Tegucigalpa, actúa, así como centro de atracción y asimilación de la migración interna de esta región, mientras San Pedro Sula lo hace con relación a la zona noroccidental del país, como lo demuestran estudios recientes. Siguen en importancia las zonas oriental y sur, o sean los departamentos de El Paraíso y Olancho, y, Choluteca y Valle respectivamente.

CUADRO No.3
GRUPO OCUPACIONAL SEGÚN RELACIÓN DE
TRABAJO
(En % horizontales)

Grupo Ocupacional Actual	Tipo de Trabajo		
	Dependiente	Independiente	Total Cifras Absolutas
Profesionales Técnicos	84.21	15.78	9
Empleados	100	0	1
Vendedores	17.39	82.6	69
Agricultores y Ganaderos Pescadores - Madereros	50	50	6
Conductores de Medios de Transporte	92.59	7.4	27
Artesanos y Operarios	83.6	16.39	122
Otros Artesanos y Operarios	90.32	9.67	31
Obreros y Jornaleros	82.35	17.64	17
Trabajadores de Servicios Personales	57.5	42.5	146
Otros Trabajadores N.E.O.C. y no identificados	75	25	8

4. Ocupaciones y Estructura Productiva

Se examinarán ahora las características básicas de los jefes de vivienda incorporados a la población económicamente activa (PEA) de la ciudad. No se tomarán en cuenta, para el análisis, los jefes de vivienda que pertenecen a la población no económicamente activa (amas de casa, jubilados, incapacitados, etc.).

El desempleo, que representa el 15.90 % del total de jefes de vivienda, será visto solamente en relación con las variables o factores de los que se tiene información.

Para la agrupación y análisis de las ocupaciones se ha escogido la "Clasificación Ocupacional para el Censo de América de 1960 (COTA-1960)", que comprende varios grupos ocupacionales principales. Sin duda, esta clasificación es más precisa que la de "categoría ocupacional", pues describe actividades laborales específicas.

Utilizando esta clasificación, puede observarse que los jefes de familia económicamente activos se distribuyen, predominantemente, en tres grupos principales de ocupación: trabajadores de servicios personales; artesanos y operarios; y vendedores, que representan el

32.90 %, 27.30 % y 15.40 %, respectivamente, y por orden de importancia descendente.

En el primer caso, se trata de empleados en hogares particulares que realizan tareas domésticas de cocina, lavado y planchado, etc., y de personas que realizan esas mismas actividades por cuenta propia y no como empleados en hogares particulares.

Es decir, por un lado, "trabajadoras" o empleadas domésticas y, por otro, lavanderas, cocineras, "tortilleras", etc., que trabajan por cuenta propia. También comprende este grupo ocupacional a los mozos o camareros y cocineros de restaurantes, cafés, cantinas, etc., y a las personas que se desempeñan como barberos, peluqueros, porteros, conserjes, ascensoristas, etc.

El segundo grupo abarca a los artesanos y operarios en ocupaciones relacionadas con la hilandería, la confección del vestuario y calzado, la carpintería, la industria de la construcción, la mecánica, las artes gráficas y otras tareas de producción. Estas actividades pueden ser realizadas tanto a nivel artesanal o pre-fabril (pequeños talleres), como a nivel fabril (pequeña y mediana industria), y asimismo puede variar el grado de calificación y especialización de los trabajadores.

El último grupo comprende vendedores-propietarios en el comercio al por mayor y al por menor, dependientes o empleados de tiendas, vendedores ambulantes y otras actividades en el comercio.

En conjunto, estos tres grupos ocupacionales predominantes representan el 75.60 % de la fuerza laboral encuestada.

El resto de los jefes de vivienda económicamente activos se distribuyen en las siguientes categorías: otros artesanos y operarios, conductores de medios de transporte, profesionales y técnicos, obreros y jornaleros, otros trabajadores N.E.O.C., y en ocupaciones no identificadas o no declaradas, agricultores y ganaderos, empleados; y representan el 24.40 % del total de la PEA.

CUADRO No.4
GRUPO OCUPACIONAL SEGÚN INGRESOS DEL JEFE
DE LA VIVIENDA
(En % horizontales)

Grupo Ocupacional Actual	INGRESO JEFE				
	Hasta 50	51-100	101-150	151-500	Total Cifras Absolutas
Profesionales Técnicos	5.26	26.31	15.78	52.61	19

Empleados	0	100	0	0	1
Vendedores	30.43	44.92	10.14	13.01	69
Agricultores y Ganaderos Pescadores-madereros	16.66	50	33.33	0	6
Conductores de Medios de Transporte	3.7	48.14	25.92	22.21	27
Artesanos y Operarios	4.91	31.14	41.8	20.46	122
Otros Artesanos y Operarios	0	70	20	9.99	30
Obreros y Jornaleros	17.64	58.82	23.52	0	17
Trabajadores de Servicios Personales	32.65	44.89	20.4	2.06	147
Otros trabajadores N.E.O.C. y no identificados	0	75	25	0	8

N.D. = 10
Desempleado = 71(15.9%)
Total PEA = 444

Esta distribución de ocupaciones muestra que una proporción considerable de jefes de vivienda se encuentra en empleos de muy baja productividad y que requieren escasos niveles de calificación y especialización. Dichos empleos configuran un "polo marginal"[38] dentro de cada uno de los sectores y ramas de actividad de la estructura económica.

Como se mencionó al comienzo, las economías capitalistas dependientes contienen un conjunto de mecanismos que, por un lado, expulsan mano de obra y, por otro, impiden que sea incorporada a un nivel adecuado de productividad e ingresos. La fuerza laboral que sale del sector agrícola, la mano de obra artesanal desplazada por la expansión y modernización tecnológica de las ramas de actividad económica del sector industrial, y la nueva mano de obra que no encuentra cabida en dicho sector, son empujadas hacia esos empleos marginales que no tienen un mercado estable y que solo pueden proporcionar ingresos limitados y precarios[39], e igualmente inestables.

Ahí se ubica la mayor parte del subempleo o desempleo disfrazado representado por los trabajadores de servicios personales, vendedores ambulantes, pequeños comerciantes al por menor, obreros y jornaleros (construcción y labores de carga), etc.

En el Cuadro No. 3 se puede apreciar la distribución de ocupaciones según el tipo de relación laboral: trabajadores dependientes que devengan un sueldo o salario, y trabajadores independientes que laboran por su cuenta.

---

[38] Quijano, Aníbal... Op. cit., pág. 24.
[39] Loc. cit.

Los trabajadores independientes están constituidos principalmente por vendedores, probablemente pequeños comerciantes al por menor (pulperías, puestos de venta en los mercados, etc.) y vendedores ambulantes. Una parte importante (42.50 %) de los trabajadores de servicios (lavanderas, cocineras, tortilleras, etc.) labora por su cuenta, y una fracción pequeña (16.39 %) de artesanos alquila o posee, presumiblemente, pequeños talleres de manufacturas.

Los conductores de medios de transporte, operarios, técnicos, y obreros y jornaleros constituyen el grueso de trabajadores dependientes o sector urbano asalariado. La mayoría de los trabajadores de servicios personales (57.50 %), empleadas domésticas ("trabajadoras") y personas no empleadas en hogares particulares se ubican en la categoría de "dependientes".

En el Cuadro No. 4 se puede apreciar el nivel de ingreso que corresponde a cada una de las ocupaciones, y ello permite completar el cuadro socioeconómico de los jefes de vivienda encuestados y establecer las magnitudes que pueden tipificar la condición de marginalidad. El cuadro comprende cuatro tramos de ingreso en lempiras mensuales: hasta 50; de 51 a 100; de 101 a 150; y de 151 a 500.

CUADRO No.5
GRUPO OCUPACIONAL SEGÚN NIVEL EDUCATIVO
(En % horizontales)

Grupo Ocupacional Actual	NIVEL EDUCATIVO				
	Analfabetos	1 a 3 grados	4 a 6 grados	Enseñanza Media y Comienzo Superior	Total Cifras Absolutas
Profesionales técnicos	0	15.78	36.84	47.34	19
Empleados	100	0	0	0	1
Vendedores	34.78	42.02	21.73	1.44	69
Agricultores y Ganaderos Pescadores-Madereros	50	33.32	16.66	0	6
Conductores de Medios de Transporte	18.51	48.14	29.62	3.7	27
Artesanos y Operarios	21.31	45.07	31.96	1.63	122
Otros Artesanos y Operarios	25.8	48.38	22.58	3.22	31
Obreros y Jornaleros	47.05	35.28	11.76	5.88	17
Trabajadores de Servicios Personales	38.81	38.2	20.39	2.57	152
Otros trabajadores N.E.O.C. y no identificados	0	25	75	0	8
Desempleados	38.02	39.43	16.9	5.61	71

N.D. = 2

La mediana del ingreso mensual de los jefes de vivienda económicamente activa es de Md – L 86.80 (U.S. $43.40). Quiere decir que la mayoría de los jefes de vivienda tiene un ingreso inferior a 100 lempiras, lo que puede ser considerado el nivel mínimo vital.[40]

Siguiendo esta línea de análisis, se puede observar que los niveles más bajos de ingresos, menos de 100 o 100 lempiras, están asociados a los trabajadores de servicios personales (77.54 %), obreros y jornaleros (76.46 %), vendedores (75.35 %) y otros artesanos y operarios (70 %). Esto refuerza las afirmaciones anteriores: que es el tipo de inserción en el proceso productivo, la forma de participación e integración a la sociedad, lo que define y determina la condición de marginalidad. Indica, a su vez, dónde hay que situar la búsqueda de los linderos entre lo marginal y lo no marginal, entre el proletariado y la "pequeña burguesía"[41] marginales y no marginales.

Los conductores de medios de transporte representan, precisamente, un caso intermedio: el 51.74 % de ellos percibe un ingreso menor de 100 o de 100 lempiras mensuales, mientras que el 48.13 % se encuentra en un nivel superior a los 100 lempiras. En el caso de los artesanos y operarios, aunque la mayoría (62.26 %) se encuentra en un nivel superior a 100 lempiras, una proporción relativamente importante (36.05 %) se ubica por debajo de ese nivel, la cual podría corresponder al proletariado y a la "pequeña burguesía" marginales. Los profesionales y técnicos se diferencian claramente del resto, ya que el 52.61 % se encuentra en el nivel más alto de ingresos, entre 151 y 500 lempiras mensuales.

En el Cuadro No. 5 se puede examinar el nivel educativo de los jefes de vivienda encuestados. En este caso se incluyen los que se encuentran desempleados, para ver la influencia que puede ejercer el nivel educativo. El analfabetismo se encuentra asociado, de nuevo, de manera principal, a los obreros y jornaleros (47.05 %), trabajadores de servicios personales (38.81 %), desempleados (38.02 %)[42], y vendedores (34.78 %).

La mediana de educación para el conjunto de jefes de vivienda se sitúa entre 1 y 3 grados de primaria, lo que muestra que a la magnitud relativamente grande del analfabetismo se añade un nivel general de educación considerablemente precario. Quiere decir que la mayoría de los encuestados tiene educación primaria incompleta, y solamente una pequeña proporción ha logrado completarla, exceptuando a los

---

[40] La mediana del ingreso familiar es de L. 112.21 (U.S. $56.10).
[41] Pequeños propietarios de recursos productivos que trabajan por su propia cuenta, utilizando o no mano de obra asalariada.
[42] En el Cuadro No. 6 se aprecia el predominio del desempleo femenino y la vinculación de la mujer a las ocupaciones de servicios personales y de comercio.

profesionales y técnicos, que alcanzan niveles medios y superiores de educación.

Finalmente, en cuanto al lugar de nacimiento (Cuadro No. 7), se mostró anteriormente que hay una primacía de las zonas urbanas. Sin embargo, existe cierta asociación entre el origen rural y algunos grupos ocupacionales: obreros y jornaleros, y trabajadores de servicios personales.

CUADRO No.6
GRUPO OCUPACIONAL SEGÚN SEXO
(En % horizontales)

Grupo Ocupacional Actual	SEXO		
	Masculino	Femenino	Total Cifras Absolutas
Profesionales Técnicos	89.47	10.52	19
Empleados	100	0	1
Vendedores	49.27	50.72	69
Agricultores y Ganaderos Pescadores-Madereros	100	0	6
Conductores de Medios de Transporte	100	0	27
Artesanos y Operarios	90.98	9.01	122
Otros Artesanos y Operarios	87.09	12.9	31
Obreros y Jornaleros	100	0	17
Trabajadores de Servicios Personales	31.5	68.5	152
Otros trabajadores N.E.O.C. y no identificados	87.5	12.5	8
Desempleados	47.88	52.11	71

N.D. = 2

CUADRO No.7
GRUPO OCUPACIONAL SEGÚN LUGAR DE NACIMIENTO
(En % horizontales)

Grupo Ocupacional Actual	Rural (%)	Urbano (%)	Total Cifras Absolutas
Profesionales Técnicos	22.22	77.77	18
Empleados	0	100	1
Vendedores	31.88	68.11	69
Agricultores y Ganaderos Pescadores-madereros	33.33	66.66	6
Conductores de Medios de Transporte	22.22	77.77	27
Artesanos y Operarios	30.57	69.42	121

93

Otros Artesanos y Operarios	29.03	70.96	31
Obreros y Jornaleros	41.17	58.82	17
Trabajadores de Servicios Personales	34.8	65.2	152
Otros Trabajadores N.E.O.C. y no identificados	25	75	8

N.A = 71

HONDURAS

Anónimo[43]

Acostumbra a alegar los gobiernos hondureños dos grandes consolaciones. Una proviene de los déficits de los otros países hermanos. Es la consolación de los compañeros en desgracia. La otra es la que deriva de las llamadas mejoras de la situación económica del país, constantemente celebradas en festivos artículos de una prensa cuya opinión el gobierno ha logrado unificar... Se aprende luego en el gobierno la acostumbrada invocación de males ajenos para disculpar la obstinación del déficit; empero, para comprender que esa consolación ya hizo su tiempo, el entendimiento es más torpe.

Ya el ilustre profesor Jeze, al dar sus cátedras en Sudamérica, repitió: "Es imperdonable política financiera de quienes ustedes, que les impide el equilibrio de sus balances anuales. Parece mentira que países jóvenes y ricos, que tienen a mano tantas fuentes de acuerdo y demanda de recursos, no lo hagan de una vez y saquen de allí lo que necesitan para nivelar sus finanzas."

En lugar de hacer obra de reconstrucción, se ha seguido una política bohemia, sin ideal, sin base económica, que ha perjudicado toda la fortuna pública del país.

Los guarismos en que se expresan las finanzas hondureñas han servido siempre para encubrir una desoladora realidad. Búsquese en el equívoco la solución. Lo que fueran las palabras para Talleyrand acostumbran a ser los guarismos en las lecciones de finanzas averiadas. Por eso cada presupuesto nuevo es siempre, en Honduras, una mascarada nueva o un perpetuo carnaval financiero. El que está rigiendo ahora, como era de esperar, está aún hecho por las viejas reglas. En él se sigue contando en el archivo, entre los saldos deudores, créditos de realización problemática, o asientos a propósito exagerados.

---

[43] Escrito de la Revista Económica publicado en la Revisa Ariel No 23, Año II, 15 de mayo de 1926.

Hasta regentes de Hacienda hubo, para brillar con superávits, asentaron las grandes existencias timbradas con su valor nominal en el haber del ejercicio anual.

Se sabe como en las sociedades de finanzas comprometidas se disimula para tener contentos a los accionistas, y accionista del Estado son todos los contribuyentes, los cuales reciben de diciendo los servicios que se le quiere prestar.

Hoy, para nadie es un secreto que el momento actual es el más difícil por el que ha pasado la haciende de Honduras, porque a la situación política de ahora ve la ardua labor de la liquidación de los desastres que trajeron consigo las largas revoluciones.

Cuando al principio de 1925 el regente de la Hacienda confecciono el presupuesto de 1925-26 (agosto-julio) ya las circunstancias difíciles por la guerra interna se estaban tocando y era de esperar que este hecho evidencia aún más su funesto influjo sobre el movimiento de importación. Pero a sabiendas calculóse la renta aduanera en cerca de 700,00 pesos más. Sucedió lo que era de prever.

Ya en el primer trimestre el ejercicio vigente acusa con el presupuesto una diferencia de $417,430. Un déficit casi de 17 por ciento del rendimiento total del Estado, bastante para desacreditar a una sociedad comercial, y provocar su quiebra. Ahora el Estado de Honduras, que es también hasta cierto punto una sociedad comercial, pasa todos los años más o menos indiferente por las provocaciones de una situación parecida, agravada siempre con otra situación igual, sino más grave, en el año subsiguiente, hasta que no sea generalmente amoldada la capacidad de los estadistas hondureños a otros medios de liquidación que no consistan en la creación de nuevas deudas con las compañías o extender contra los innúmeros rezagos las famosas constancias de crédito que antaño fueron objeto predilecto de los palaciegos-agiotistas y de la consabida camarilla para hacer a la sobra de ellos su agosto[44]. Así, se ha andado de presupuesto en presupuesto, pero repitiéndose al menos cada año la acostumbrada promesa de muda de vida. Ya ninguno le presta fe; empero es una ceremonia de política.

Aquella antigua y sabida manera de saldar cuentas fue ya anunciada para los años del nuevo régimen con solemnidades oficiales, sin disculpas, sin promesas de emendar. El regente de Hacienda sorprendió a la agente sencilla con un presupuesto bien

---

[44] Las constancias de crédito compraróse hasta 12 y 15% de su valor nominal; haciendo por medio de la influencia su valor nominal

equilibrado. ¿y cómo consiguió esto? Del modo más burdo, ficticio y erróneo, que pudiera desearle el peor enemigo.

Se designaron en el asiento de Crédito Público casi 2,5 millones para el pago de pensiones rezagadas, interés y amortización de deudas, y para hacer frente a este capítulo, calcúlanse simplemente las rentas públicas en cerca de 2 millones más. Este asunto, es verdad, no tiene mayor importancia, ya que el fin no es la estimación sino el rendimiento y la amortización efectiva. Sin embargo, hay de por medio, en todo caso, la seriedad administrativa, que no debe comprometerse con previsiones evidentemente infundadas, y el crédito del Estado en el extranjero, que tendrá que sufrir más cuanto mayor sean las anunciadas deficiencias del presupuesto. Los extranjeros no tienen motivo para saber o sospechar que las bien equilibradas revaluaciones de las entradas y de los gastos presupuestos, saldados sin un centavo de déficit ni superávit alguno, significa apenas un juguete pirotécnico del regenerador de Hacienda, que no responde a la verdad de los hechos y circunstancias.

***

Los hombres directores de Honduras siguen ilusionándose en que sólo un gran empréstito exterior les puede traer la felicidad suprema. Dejando a un lado lo difícil, o más bien lo imposible que es obtener dinero para saldar déficits y desbarajustes en el manejo de las finanzas, cabe la pregunta: ¿Con qué recursos se haría el gravoso servicio de intereses y amortizaciones de un empréstito de unos 20 millones, que absorbería por sí solo más de 4,5 millones de pesos, es decir, la mitad de la total renta del país?

Nadie puede ignorar que el fértil suelo de la Costa Norte, de Olancho y de la Mosquitia contienen tesoros inapreciables en los tres reinos de la naturaleza. Sin embargo, ¿de qué sirven si, privadas del auxilio de la Moral y de las Ciencias, se ignora lo que posee el país y se sigue con la política bohemia?

Para hacer frente a las más apremiantes necesidades se recurre a préstamos de casi inmediato vencimiento. Se hace administración sin el control y sin la unificación necesarios que existen en países bien organizados. Se procede como un almacenero poco experto que necesita contar el producto de la jornada, haciendo montoncitos de dinero sobre el mostrador por la incapacidad de hacer una contabilidad de conjunto y en esa forma desperdícianse fuerzas, gastando más y marchando con lentitud y dificultad. Honduras sostiene hoy 14 tesorerías especiales, lo que resulta absurdo, ya que en vez de tener tantas cajas chicas y facilitar así aún más las filtraciones debíase crear una sola grande, controlada por el Ministerio de Hacienda. La formación de Tesorerías especiales (para la Instrucción, para Caminos, Dominios Industriales del Estado, etc.,) constituye, indudablemente, verdaderos desperdicios de fuerza. Los gobernantes no deben creer que los males de Honduras son incurables y que los de persistir eternamente y que los hombres han de destrozarse siempre en luchas fratricidas, y que las masas famélicas e inadecuadas no llegarán a ver jamás un rayo de sol, ni sus llagas han de ser curadas, ni su sed de justicia y de ideal han de ser apagadas, ni ellos ni los suyos han de salir nunca de la horrible situación.

¡No! El verdadero hombre de Estado no puede ser de esos.

De la necesidad urgente de reconstruir la economía hondureña, raspándole con la legra de más fino corte la roña de que la han cubierto sistemas medievales, no hay quien dude, porque esa necesidad todos los ojos la ven, todos los entendimientos la saben, la sienten todos los corazones de Honduras.

A lomos de un sistema rutinario, de un mal rocín de albarda con remiendos, cualquier espolique de mediana andadura podía ir adelante por el camino, a tropezones de ambos: así, nunca el buen viaje; así, el empobrecerse y el envejecer; pero así también la dulce calma y el no encantar, lastimándole el meollo. Hay que cambiar de procedimiento de marcha, adecuadamente al vivir moderno que exige rapidez y con ella y por ella los mayores beneficios.

El regente de la fortuna pública no ha de saber solo algo de número como vulgarmente se repite en Honduras, sino ha de estudiar la ciencia económica; ha de conocer la geografía del país, por haberla estudiado con los pies, pisando el territorio, estudiando al labriego, al artesano, al industrial, al hombre de ciencia, al comerciante, al agricultor, al rentista, traficante en su propia salsa, en su propia vida y en las relacione de la vida

Ha de conocer los productos de cada región, el costo de producción, de tierra, de sus arrendamientos, el de los salarios, costumbres y modos de vivir de sus moradores, cambios e intercambios de la producción, cultivos, etc. Ha de saber descubrir la riqueza oculta, el fraude y el embrollo administrativo. Y ha de conocer directamente, sin traducciones y sin traductores, la verdadera potencia económica del país, su poder, su fuerza, el poder y la fuerza que pueda adquirir, y desarrollarla, conduciendo a este poder y a esta fuerza por el verdadero camino de la evolución.

Ha de estudiar, en fin, el comercio externo, y unido este conocimiento al de la producción del suelo y del subsuelo, a la geografía, la topografía, etnografía y orografía, a los medios de comunicación terrestres, marítimos y fluviales.

***

En las democracias modernas, como las de nuestros países, no han de buscarse apellidos y de hombre, ni formar ídolos, sino ha de considerarse la obra permanente y continua que pertenece a todos y en la cual todos han de tener siempre una parte, como cual, y eso quiere el régimen, se deslice la personalidad en la colectividad.

Empero, en Honduras la efectividad de las funciones no fue, hasta ahora, más que un mito. Con cada cambio de un gobernante desorganizábase la Administración pública, imprimiendo a toda obra administrativa, en lugar del carácter de una nacionalidad y el genio de un pueblo, el cuño personal.

Fue precisamente ese procedimiento el principal causante de la ruina y de la discordia del país.

El espíritu de continuidad administrativa, sin embargo, es absolutamente necesario para el bienestar y la grandeza de Honduras.

Espíritu que debe estar hecho de tolerancia y de inteligencia, consciente, que apague rivalidades de partidos y de colores, que suprima competencias, que sólo encienda la emulación para encaminar y acabar útil comenzado por otro, o que dé valor para iniciar el necesario, que únicamente el esfuerzo ajeno y alejado debe terminar, debiera ser la norma invariable de todos los que quieren el verdadero progreso de Honduras.

Naturalmente esa continuidad administrativa no debe significar el empleo vitalicio o demasiado condescendiente de los mismos procedimientos ya antes practicados; no debe consistir en la repetición dócil y rutinaria de idénticos medios, porque todo eso es cuestión de formas, que han de variar con los individuos; empero, debe consistir principalmente en la conservación y desenvolvimiento de la misma obra; en su realización, en fin, puesto que es útil con cualquier procedimiento, puesto que serán dignos con cualquier medio que sea honrado.

Ese procedimiento naturalmente no podrá existir hasta tanto que Honduras no tenga orden público, base esencial de la existencia de un pueblo.

Para eso es necesario que cada uno cumpla con su deber, que cada uno limite su acción al desempeño de sus funciones, y circunscriba sus funciones a la órbita que la ley le traza.

A ningún hombre de partido o de color le asiste el derecho de tutelar la patria, sino de servirla.

Todas las veces que los caudillos, en un exagerado patriotismo, a su entender, aplican principios, oscurecen esa noción; vénse a individuos o clases substituyéndose a las leyes; y, consecuentemente, llegan los desórdenes y revueltas, con todas las consecuencias funestísimas en la inseguridad de la miseria, de la deshonra, las revoluciones.

Si el gobernante se empeña en conservar el orden, cumpliendo y haciendo cumplir las leyes, acatando y haciendo acatar todos los derechos, se tendrán los espíritus pacificados y la fuerza interna para desenvolverse. Y únicamente así se puede encontrar la garantía de la vida como hombres y como nación. Y únicamente así se pueden tener buenas finanzas, el bienestar, la riqueza, las condiciones morales para la vida plena. Si son incalculables los valores perdidos con las vidas desaparecidas en las continuas revueltas, con el trabajo apartado de sus aplicaciones fecundas, con el hogar sin protectores, con el descrédito y la falta de confianza, exactamente pueden sumarse las enormes sumas, gastos para la defensa del orden constituido que están agravando de un modo tremendo los gastos públicos.

Gastos enormes y superfluos y falta absoluta de confianza: he aquí lo que forma el balance de la situación actual de Honduras.

Habiendo orden público ya se podrá cuidar de la regeneración de las finanzas públicas. O, mejor, con el restablecimiento del orden público y de la moral, que está hoy en olvido, ya se regenerarán las finanzas hondureñas.

Ambas están tan íntimamente ligadas, que solucionar la primera es ya comenzar a resolver la segunda.

Más para eso es condición ineludible también cortar de raíz el terrible mal de las concesiones, que fueron, y continúan siendo hasta hoy, uno de los principales causantes de los tremendos hundimientos financieros del país.

No es difícil conocer lo que perdió Honduras con el otorgamiento de antieconómicas e irracionales concesiones. Las exenciones de derechos aduaneros pueden avaluarse, en el lapso de dos decenios, en no menos de 100 millones de pesos.

TODAS LAS FUERZAS ECONÓMICAS DEL PAÍS SE ENCUENTRAN EN UN ESTADO DE DEPRESIÓN ALARMANTE

Concepción Navarro[45]

Hablamos de la Nación de Honduras en nombre de sentimientos fraternales, de solidaridad, de humanidad y de leyes positivas vigentes.

Los Poderes del Estado cumplen su misión y tienen concepto claro del deber que debe cumplir el Estado moderno, en cooperación con los habitantes de la Nación. Toca, pues, a los habitantes hacerse eco, formarse conciencia de la ley y cumplirla en la parte que les corresponde, pidiendo con respeto y con oportunidad, el cumplimiento de esas disposiciones y mandatos tendientes a proporcionar el Bien de la Nación y del Estado, desde el punto de vista económico que lo abarca todo, todo cuanto puede ambicionar espiritual y materialmente la Humanidad. Cada uno debe aportar a la obra común del Bien lo que pueda, en tiempo, sin egoísmo.

Nos hacemos eco del clamor nacional, de las necesidades de todas las clases sociales, que también las vivimos y sentimos, y nosotros, minúsculas y anónimas partículas de esta Nación, cooperamos, en la medida que la suerte nos ayuda, y animados del mejor deseo, a interpretar los salvadores anhelos de los Poderes del Estado. Por eso vamos a transcribir, para mejor conocimiento de todos y comentar una ley que despertó grandes esperanzas de salvación económica nacional ante las necesidades cada día más apremiantes. Promesas de los Poderes del Estado, explicadas y convertidas en mandatos en el

"Decreto No. 58 — EL CONGRESO NACIONAL — Considerando: que, desde hace algún tiempo, todas las fuerzas económicas del país se encuentran en un estado de depresión alarmante que tiende a prolongarse indefinidamente sin perspectiva de una reacción favorable;

---

[45] Publicado en El Economista Hondureño, año XV, No 12, diciembre 1940

Considerando: que la industria bananera ha sufrido quebranto en algunas de sus actividades debido a la enfermedad que ha perjudicado las plantaciones, y que es de interés público que el Gobierno propulse diferentes cultivos en el país;

Considerando: que es deber primordial del Estado promover y fomentar el desarrollo de la agricultura en todos sus aspectos y por todos los medios posibles dentro de su potencialidad económica;

Considerando: que para dar el debido impulso a la agricultura y al desarrollo de nuestra riqueza natural es de conveniencia nacional provocar la inmigración de elementos que puedan constituirse en colonias agrícolas en el país;

Considerando: que corresponde al Estado la obligación de coadyuvar a la industrialización del país prestando el apoyo necesario a la iniciativa particular, en forma efectiva y eficiente, a fin de lograr un estado de producción que satisfaga las necesidades del consumo y dé margen a mejorar la exportación de productos y de materias primas;

Considerando: que, debido a la limitación de productos exportables, el comercio de importación sufre las consecuencias de escasez de divisas extranjeras;

Considerando: que el sistema tributario que rige en el país carece de la proporcionalidad que ordena nuestra Carta Magna; que no responde a las necesidades primordiales del Estado ni está basado en principios científicos y por consiguiente es inadecuado para las funciones de la vida estatal moderna;

Considerando: que es deber de los poderes del Estado dictar las medidas necesarias que se imponen para lograr la reconstrucción económica de la Nación y que para ello es indispensable aprovechar los conocimientos y experiencias de técnicos en los diferentes problemas económico-fiscales que el Gobierno está obligado a resolver,"

Por tanto: en uso de sus facultades, –Decreta:

Artículo 1.- Facúltase a l Poder Ejecutivo para que, a la mayor brevedad posible, contrate los servicios de un personal técnico, en el número que estime necesario y por el tiempo que considere indispensable, para que venga al país a hacer un estudio completo de las condiciones actuales en que se encuentra la Nación, en sus diferentes aspectos económicos, a fin de preparar una legislación de carácter económico-hacendaria, adecuada a nuestro medio y necesidades primordiales; a proponer una completa reforma de nuestro sistema tributario y a la elaboración de un plan general de desarrollo agrícola-industrial que propenda a la reconstrucción nacional.

Art. 2°.—Queda también facultado el Poder Ejecutivo para contratar los servicios de expertos en el Ramo de Agricultura para la debida enseñanza de los diferentes cultivos en las zonas agrícolas del país.

Art. 3°.—El Poder Ejecutivo, a su juicio, y tan luego como fuere posible, a efecto de fomentar la inmigración al país, de elementos de carácter exclusivamente agrícola, deberá entrar en arreglos, por medio de la Secretaría de Gobernación, con Corporaciones o Cámaras Agrícolas responsables que estén facultadas legalmente para llevar a cabo esa clase de gestiones.

Art. 4°.—El Poder Ejecutivo, por medio de las Secretarías de Hacienda, Crédito Público y Comercio, y la de Fomento, Agricultura y Trabajo, procederá inmediatamente después de promulgada esta ley, a preparar y compilar todos los datos estadísticos necesarios para la mejor información que requiera el personal técnico que deba contratar el Gobierno a efecto de que sus labores sean expeditas.

Art. 5°.—Facúltase al Poder Ejecutivo para efectuar todas las erogaciones que impenda el cumplimiento de la presente ley, hasta que los trabajos del personal técnico hayan terminado, debiendo imputarlas a un capítulo especial denominado "Gastos del Programa de Reconstrucción Nacional" del cual deberá dar cuenta detallada y documentada al Congreso Nacional en sus próximas sesiones, y a cuyo efecto facúltasele también para disponer preferentemente de cualesquiera de los fondos nacionales disponibles, con especialidad del remanente del servicio económico, después de haber atendido las obligaciones de la Deuda Externa y al pago del Servicio Diplomático y Consular de la Nación.

Art. 6°.—Tan luego como haya sido debidamente aprobada por los Poderes Públicos la Legislación de carácter económico-hacendaria, la completa reforma de nuestro sistema tributario y el plan general de desarrollo agrícola-industrial, el Congreso Nacional autorizará la contratación de un empréstito en la cuantía y condiciones necesarias para ser dedicado exclusivamente a fines de carácter reproductivo en la economía nacional.

Art. 7°.—Para someter a la aprobación del Poder Legislativo la reforma y plan a que se refiere el artículo anterior, el Poder Ejecutivo podrá convocar al Congreso a sesiones extraordinarias.

Art. 8°.—El presente decreto entrará en vigencia, tres días después de su publicación.

Dado en Tegucigalpa, Distrito Central, en el Salón de Sesiones, a siete de febrero de mil novecientos treinta y nueve. —Ant°. C. Rivera, Presidente. — Pedro Amaya R., Secretario. — Alejandro Castro, Secretario. — Al Poder Ejecutivo. — Por tanto: Ejecútese. — Tegucigalpa, D. C., 7 de febrero de 1939. — TIBURCIO CARIAS A. — El Secretario de Estado en el Despacho de Hacienda, Crédito Público y Comercio, — JULIO LOZANO h." — (LA GACETA N.° 10.726 — Año 64 — Diario Oficial de la República de Honduras. — Tegucigalpa, D. C., sábado 11 de Febrero de 1939).

Atentamente invitamos a los habitantes de la Nación para que detenida y serenamente lean, estudien y reflexionen sobre los conceptos de gran trascendencia que encierran los ocho considerandos y los ocho artículos de la parte resolutiva del Decreto Legislativo N.° 58, que queda transcrito. Mayor comprensión de los problemas a resolver por el Gobierno o el Estado, y claridad en la exposición, que en este Decreto se tratan, no se puede pedir. Sólo es de desearse que se lleven a la práctica, en lo que es conveniente, lo más pronto posible, con oportunidad.

Nuestro punto de vista es esta ley, el espíritu y visión eminentemente amplios y elevados que sustentan los Poderes del Estado, conscientes de sus deberes ante sus gobernados. A nosotros las promesas de estos Altos Poderes nos merecen profundo respeto. Los considerandos describen de manera sencilla y clarísima la situación económica aflictiva en que se encuentra la Nación e indican lo que deben hacer los mismos Poderes para salvar esa "depresión alarmante". Por esto, por la responsabilidad moral empeñada de esos Altos Poderes, tenemos derecho a esperar las resoluciones y prácticas más favorables.

Creemos que no proceden los conceptos del cuarto considerando que se refieren a "provocar la inmigración" por regimientos porque esto costaría grandes e incalculables sacrificios a los hondureños, como regalos de tierras y una vez pagados esos inmigrantes de una cultura muy superior y por egoísmo de raza desplazarían a la población nativa o autóctona; nos infectarían de ideas y sentimientos comunistas; ideas disolventes, sobre todo en las clases proletarias y campesinas; derrumbarían nuestras instituciones y nuestro sistema de Gobierno, imponiéndonos un sistema totalitario a su servicio, pues sin duda que esa inmigración tendría que ser europea y todas aquellas

Naciones están contagiadas de esas ideas, de esa mentalidad mística de caos. Por esto creemos que no procede el razonamiento del cuarto considerando ni el artículo 3° que descansan en las mismas razones. Además, creemos que no procede provocar, respetando una ley económica: QUE EL TRABAJO ECONÓMICAMENTE ORGANIZADO, ATRAE POBLACIÓN, INMIGRACIÓN. PARA POBLAR CUALQUIER ZONA, PUDIENDO SELECCIONAR LA INMIGRACIÓN. Sobra y perjudica esa inmigración por regimientos, que también sobra en sus tierras de origen.

Gran acierto revela el razonamiento de los considerandos 3°, 5°, 6° y 8°, cuando dicen: "que es deber del Estado promover y fomentar el desarrollo de la agricultura en todos sus aspectos y por todos los medios posibles dentro de su potencialidad económica"; "que corresponde al Estado la obligación de coadyuvar a la industrialización del país prestando el apoyo necesario a la iniciativa particular, en forma efectiva y eficiente, a fin de lograr un estado de producción que satisfaga las necesidades del consumo y dé margen a mejorar la exportación de productos y de materias primas"; "que, debido a la limitación de productos exportables, el comercio de importación sufre las consecuencias de escasez de divisas extranjeras"; y por último, "que es deber de los poderes del Estado dictar las medidas necesarias que se imponen para lograr la reconstrucción económica de la Nación y que para ello es indispensable aprovechar los conocimientos y experiencias de técnicos en los diferentes problemas económico-fiscales que el Gobierno está obligado a resolver".

Los Poderes del Estado tienen un concepto exacto de las funciones modernas del Estado, de que "todas las fuerzas económicas del país se encuentran en un estado de depresión alarmante que tiende a prolongarse indefinidamente sin perspectiva de una reacción favorable"; que la Nación necesita "de una producción que satisfaga las necesidades del consumo y dé margen a mejorar la exportación de productos y de materias primas", y "que, debido a la limitación de productos exportables, el comercio de importación sufre las consecuencias de escasez de divisas extranjeras"; que ya en el momento en que nos acogemos a esta ley las condiciones económicas del Estado, de la Nación, del comercio de importación, de exportación y del Trabajo, son alarmantes.

Es por estas causas y necesidades que el Artículo 1° de este Decreto, dispone: "Facúltase al Poder Ejecutivo para que, a la mayor brevedad posible contrate los servicios de un personal técnico en el número que estime necesario y por el tiempo que considere indispensable, para que venga al país a hacer un estudio completo de las condiciones actuales en que se encuentra la Nación, en sus diferentes aspectos económicos", etc. Perfectamente relacionado con lo anterior, el Artículo 2º, dice: "Queda también facultado el Poder Ejecutivo para contratar los servicios de expertos en el Ramo de Agricultura para la debida enseñanza de los diferentes cultivos en las zonas agrícolas del país."

La creación de una Agricultura técnica, científica, económica se descompone en muchísimos aspectos.

La práctica de estas disposiciones daría vida, incorporaría a la civilización a nuestros campesinos que permanecen olvidados y desamparados, atendidos a sus escasas fuerzas. Se convertirían en elementos de gran producción y consumo porque se les crearían necesidades de personas civilizadas con capacidades para satisfacerlas. Muy bien está que a la Agricultura se le preste todo el apoyo que necesita de parte del Estado como se hace en todas las Naciones más poderosas y civilizadas.

Con profunda pena y pesadumbre hemos visto muchos casos de personas honorables, trabajadoras, propietarias de extensas y excelentes tierras para agricultura y ganadería, con climas espléndidos y agua abundantísima, llegar en peregrinación a la capital en busca de algún apoyo, consistente en algunas miserables monedas para ejecutar trabajos agrícolas y mejoras en sus tierras, o para levantar sus cosechas; pero ni los Bancos Comerciales, ni personas prestamistas y tenedoras de dinero les prestan una moneda porque sólo hacen esta clase de préstamos con garantía de propiedades urbanas, a elevado tipo de interés, a plazos cortos y con incontables exigencias más, que no hay Agricultura o Industria que pueda soportar semejantes condiciones. Mientras no exista dinero barato en suficiente cantidad y en condiciones favorables, es ilusorio creer que en Honduras puede surgir la Agricultura o cualquier otra Industria de significación, honesta, productiva e independiente de la dádiva del Estado.

Consecuente con el encadenamiento de los conceptos y el Plan de Trabajo para la Reforma que se propone esta ley, el Artículo 5º, dice: "Facúltase al Poder Ejecutivo para efectuar todas las erogaciones que impenda el cumplimiento de la presente ley, hasta que los trabajos del personal técnico hayan terminado, debiendo imputarlas a un capítulo especial denominado "Gastos del Programa de Reconstrucción Nacional" del cual deberá dar cuenta detallada y documentada al Congreso Nacional en sus próximas sesiones, y a cuyo efecto facúltasele también para disponer preferentemente de cualesquiera de los fondos nacionales disponibles", etc.

Esta autorización es amplísima y no se necesita de contratar un empréstito a que se refiere el Artículo 6°. Los Artículos 7° y 8° son de forma legal.

Un empréstito concedido por una Nación poderosa a otra Nación débil como Honduras, es el más cruel instrumento de explotación económica. Además de ser gravísimo para la dignidad y soberanía nacionales por la serie de garantías que exige la potencia acreedora, exige compulsivamente, pero en forma velada, el cumplimiento de obligaciones onerosísimas que impone para el pago de los servicios del empréstito, y en conclusión, ni recibe ningún dinero la Nación deudora, sino que de sus mismas rentas, que recoge y administra la Nación acreedora, le va haciendo entregas escalonadas hasta completar el monto del empréstito, y que para colmo de desdicha la Nación deudora paga con intereses, o se le obliga a recibir mercaderías deterioradas o que no necesita, a precios onerosísimos. El dinero de un empréstito, en caso de que sea entregado el monto completo, tendría que emigrar por falta de capacidad de absorción de la nación hondureña, en pago de técnicos que serían impuestos y no habría industria suficientemente productiva en que invertirlo y que produjera suficiente como para pagar cumplidamente los abonos al empréstito, sin perjudicar gravemente la vida de la Nación y del Estado. Esta congestión de dinero produciría una pasajera ilusión de bienestar y causaría una efectiva suba de precios por baratijas, sueldos y jornales. Pronto emigraría ese dinero. Nos agavillarían a fuerza de exigirnos cumplimiento, además de muchas otras regalías y gastos. Esta es la verdad. No sucede lo mismo cuando las Naciones contratantes son igualmente poderosas.

En cumplimiento del Decreto Legislativo N° 80, que es la Ley para Establecimientos Bancarios, que en su Artículo 12, dispone la creación del Banco Central Hondureño, y como base preliminar indispensable para el desarrollo del "Programa de Reconstrucción Nacional" se debe proceder a fundarlo inmediatamente, pues el Poder Ejecutivo tiene amplias facultades y posibilidades. Este será un establecimiento de condición mixta, queremos decir que será fundado con dinero que aportarán los hondureños particulares y también con dinero que debe aportar el Estado, como accionista. Supongamos que el Banco Central comience a funcionar con un millón de lempiras plata; pero como es un Banco privilegiado único emisor, puede lanzar a la circulación inmediatamente dos millones de lempiras en billetes, y puede continuar en esta proporción, según lo exijan las necesidades de la demanda. Continuará aumentando la emisión según el monto de los depósitos y demás bienes, hasta llegar a cierto límite de saturación que la Directiva del Banco tiene la obligación de saber apreciar, todo de acuerdo con la Secretaría de Estado en el Despacho de Hacienda. Después de este límite ya sólo se podrá representar este dinero en monedas o metales de oro, plata o papel que los representen y que ofrezcan amplia garantía a respaldo de 100 por 100. Mientras en Honduras no se funde el Banco Central Hondureño, y se sepa utilizar la capacidad y poner en juego todo ese crédito y energías, con honorabilidad insospechable, no habrá otro procedimiento o medios de hacer la prosperidad de la Nación. Para el desarrollo de este Programa de Trabajo y todo cuanto competa el Progresos armónico que necesitamos, el paso previo fundamenta es la creación del Banco Central, mixto.

Es indispensable disponer de esa fuerza creadora, concentradora, distribuidora y reguladora de todos los elementos de la vida económica nacional. Es necesario saber manejar con capacidad técnica y moral esos inmensos recursos, y tener grabado en el yo íntimo la obra que se tiene en mente realizar. Hay que saber hacer uso de ese enorme crédito que en la actualidad se encuentra anulado por el agio privado. Hay que saber hacer uso de esa moneda de papel, bien respaldada por el Único Emisor, y sólo entonces se sabrá la importancia en la vida de la Nación del Banco Central, mixto, y aseguramos que entonces no habrá un solo hondureño que no le preste su decidido apoyo moral, como algo único e indispensable a la vida económica. Este Banco prestará dinero a interés a la Agricultura y a lo que se llama en lenguaje corriente Industria, a un tipo bajo y a largos plazos, con las menos exigencias y garantías posibles a la vida del Central; mantendrá la estabilidad de los cambios, tipos de descuento y redescuento. Así como protegerá la "exportación de productos y de materias primas", con igual elasticidad y con esos mismos recursos estimulará y ayudará al "comercio de importación" proporcionándole todas las "divisas extranjeras" que necesite.

Sólo con moneda barata en cantidad suficiente a las necesidades de la vida de Trabajo de la Nación, pudiéndose obtener moneda sin exigencias despiadadas y dilatorias; sólo así se puede proteger y aumentar la producción, el consumo, el comercio de importación porque se obtendrán divisas extranjeras en suficiente cantidad, y que de no ser así, organizándose, cada día escasearán más, aumentará el agio, el fraude, el contrabando, y la estabilidad de la moneda Lempira se derrumbará porque será depreciada por los agiotistas que operan ocultos por medio de agentes, que violan las leyes.

El Banco Central prestará grandes utilidades a la vida de la Nación en todas sus diversas actividades, y al Estado no sólo le hará aumentar los ingresos de un Tesoro exhausto, sino que podrá prestar a los Poderes del mismo Estado dinero en suficiente cantidad para atender a los "Gastos del Programa de Reconstrucción Nacional", con beneficio recíproco para el Estado, la Nación y del propio Banco, en forma cooperativa, sin contraer obligaciones humillantes y onerosas.

Para el aporte del dinero de los particulares para la fundación del Banco Central, sólo se necesita de una intensa y hábil propaganda para que se forme conciencia entre los tenedores de dinero.

Con las amplias facultades que tiene el Poder Ejecutivo, al tenor de los Artículos 1º, 2º y 5º del Decreto Nº 58, del Congreso Nacional, que tantas veces hemos repetido, inmediatamente se puede proceder a la fundación del Banco Central Hondureño, dándole así cumplimiento al Decreto Legislativo Nº 80, a que también ya nos referimos, dando principio al desarrollo del Programa de Reconstrucción Nacional, que se han marcado, en cumplimiento de deberes y de una misión moderna, los Poderes del Estado.

Más todavía, en estos momentos el Congreso Nacional se encuentra reunido en sesiones ordinarias y por eso, cualquier requisito legal se puede llenar sin pérdida de tiempo en prolongadas discusiones dañinas desde todo punto de vista que se le considere. Las necesidades, el buen sentido y el patriotismo exigen rapidez. No creemos que haya Diputados que defrauden o traicionen la vida y el honor de la Nación en que nacieron y que los mantiene como madre abnegada.

Creemos que ya es tiempo de llevar a la práctica tan hermoso y salvador PROGRAMA DE TRABAJO elevándolo al más alto grado de desarrollo aprovechando la "potencialidad económica" de la Nación.

Nuestro Presidente

DR. Y GENERAL TIBURCIO CARIAS ANDINO
Presidente Constitucional de la República de Honduras

El homenaje de la Banda de los Supremos Poderes al Excmo. Señor Presidente de la República, con motivo de su continuidad en el Poder

El día 3 de enero del año en curso a las 8 de la mañana los jefes de la Banda de los Supremos Poderes y todo su personal hicieron acto de presencia en Casa Presidencial con el fin de homenajear al Mandatario hondureño Doctor y General don Tiburcio Carías A.

Debidamente uniformados de gran gala, los caballeros filarmónicos situáronse frente a la mansión presidencial ejecutando marchas militares. En el ínterin el señor Director don Fran-

cisco R. Díaz Zelaya, acompañado de su planilla de jefes inferiores entregaba una simbólica lira confeccionada artísticamente con flores naturales y artificiales y a continuación colocó en la solapa de la personalidad hondureña una preciosa medalla de oro que con ese fin mandaron hacer la jefatura del Cuerpo.

Llevó la palabra en representación de la Banda de los Supremos Poderes el alumno Modesto P. Martínez, y se expresó más o menos en estos términos:

"Señor Presidente:

Venimos ante Vos interpretando el sentir de nuestros corazones agradecidos, para rendiros este homenaje que por tus múltiples virtudes

ciudadanas os hacéis merecedor.

El Cuerpo de la Banda de los SS. P. y sus altos jefes, como un solo hombre, como un solo corazón y como un solo sentir, se prosterna ante el altar de las excelsitudes y por mi medio os ofrece esta humilde demostración de afecto que no es más que un pálido reflejo de lo tanto que deseáramos ofreceros.

Sr. Presidente: aceptad nuestro humilde homenaje admirativo porque va en él toda nuestra

Pasa a la Pág. 24

Este artículo fue escrito cuando Tiburcio Carías
Andino gobernaba Honduras.

110

EL NIVEL DE INGRESO Y SU DISTRIBUCIÓN EN HONDURAS

Cristina Nufio[46]

1. Ingreso per cápita

El nivel de ingreso monetario (promedio 1970-1972) per cápita se calcula en 506 lempiras anuales, lo que sitúa a Honduras dentro del grupo de los tres países con ingreso más bajo en Latinoamérica y el más bajo en Centro América. En valores reales, con base a 1966, este indicador alcanza 463 lempiras.

En la década 1960-1970 el crecimiento medio anual del ingreso per cápita ha sido escaso, al presentar una tasa de 2.3 por ciento en términos reales.

2. La distribución del ingreso

2.1 Desigualdad global en relación a los países del área centroamericana

Como primer aspecto en el análisis de la distribución del ingreso, cabe considerar el grado de desigualdad que presenta Honduras en relación a otros países, para lo cual se utilizó la información presentada por GAFICA[47] a fin de examinar la distribución global del ingreso en los países centroamericanos.

El gráfico No 1 muestra los porcentajes del ingreso total recibido por los diferentes estratos, de acuerdo a la información disponible, en la que se distinguen cuatro grupos:

Gráfico No 1.
Porcentajes del ingreso percibidos por diferentes grupos de ingreso

[46] Publicado en Pensamiento Económico Año I, No 1. Enero, Febrero y Marzo de 1975
[47] Grupo asesor de la FAO para la Integración Económica Centroamericana en "Plan Perspectivo para el Desarrollo y la Integración de la Agricultura". Volumen II, Parte C.

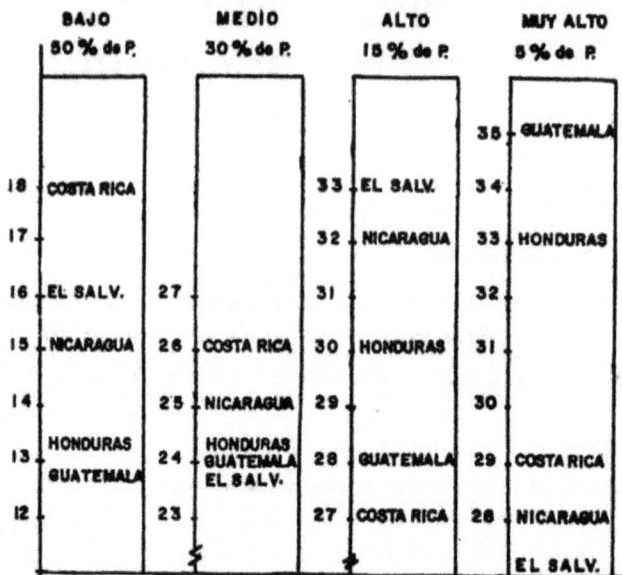

BAJO 50% de P.	MEDIO 30% de P.	ALTO 15% de P.	MUY ALTO 5% de P.
			35 GUATEMALA
18 COSTA RICA		33 EL SALV.	34
17		32 NICARAGUA	33 HONDURAS
16 EL SALV.	27	31	32
15 NICARAGUA	26 COSTA RICA	30 HONDURAS	31
14	25 NICARAGUA	29	30
13 HONDURAS GUATEMALA	24 HONDURAS GUATEMALA EL SALV.	28 GUATEMALA	29 COSTA RICA
12	23	27 COSTA RICA	28 NICARAGUA EL SALV.

En la primera sección del gráfico, se presenta el grupo de ingresos más bajos percibidos por el cincuenta por ciento más pobre de la población, notándose que en Honduras este estrato recibe solamente el trece por ciento del ingreso; en igual situación se encuentra Guatemala, cuya distribución por estratos es muy similar a la de nuestro país.

Los otros tres países en este mismo grupo de la población reciben una proporción de ingreso un poco más elevada.

En segundo lugar, está el treinta por ciento de la población que puede catalogarse como el estrato medio, en el cual no se observa mucha disimilitud entre Honduras y los demás países. El grupo de ingresos mostrados por la tercera sección del gráfico presentan algunas diferencias, dentro de los cuales Honduras ocupa la posición intermedia.

Por último, el cinco por ciento de la población clasificado como de ingreso muy alto, presenta las mayores diferencias entre los países; en Honduras este cinco por ciento percibe el treinta y tres por ciento del ingreso, superado solamente por Guatemala.

Otra forma de examinar la desigualdad en la distribución del ingreso, en comparación a los demás países de Centroamérica, es mediante la acumulación de los porcentajes de los estratos individuales que fueron ya examinados.

112

Distribución del Ingreso en Centro América
Estimación para 1970

Porcentajes de población	Porcentajes acumulados de ingreso:					
	Guatemala	Honduras	Nicaragua	El Salvador	Costa Rica	Centro América
50	13	13	15	16	18	13
80	37	37	40	40	44	39
95	65	67	72	73	71	69
100	100	100	100	100	100	100

Fuente: GAFICA

**El poeta Roberto Sosa plasmó la realidad
de Honduras en su poemas.**

De aquí se concluye que Honduras, junto con Guatemala presentan la mayor desigualdad en el ingreso, tal que, al compararla con la Centroamericana mediante una curva de Lorenz (Gráfica 2), el área de desigualdad resulta mayor para Honduras que para toda la región centroamericana en su conjunto.

Aun cuando las informaciones sobre distribución del ingreso deben ser usadas con alguna reserva, con lo cual quiere significarse que podría haber variaciones en los resultados analizados en cuanto a la posición relativa de Honduras en relación a los demás países centroamericanos, se trata a continuación de presentar algunas evidencias que podrían explicar esta situación.

Gráfico No 2.
Comparación de la distribución del ingreso

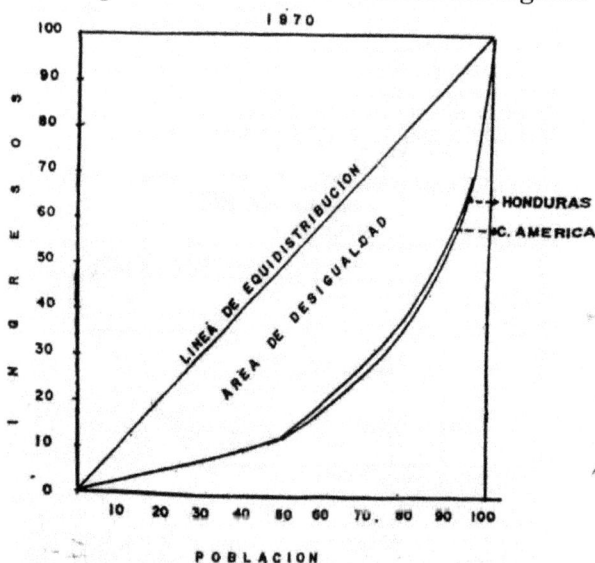

En primer lugar, del examen de la estructura del PIB centroamericano por sectores de actividades económicas[48] para algunos años seleccionados, se desprende que Honduras tiene una notoria preponderancia del sector primario; para 1970 alcanza 36.4 por ciento, mientras la participación de este mismo sector en el producto centroamericano es de 26.9 por ciento.

A la vez, la mayor proporción de la fuerza de trabajo está ubicada en este sector, calculándose para 1969 un 67 por ciento, mientras

---

[48] Datos de SIECA. El Desarrollo Integrado de Centro América

114

Costa Rica, que presenta la participación más alta en el ingreso del estrato bajo (Ver Gráfica No 1), solamente tiene un 49 por ciento.

La influencia de los indicadores anotados (preponderancia del sector primario y mayor proporción de la fuerza de trabajo ubicada en este sector) en la distribución del ingreso se puede concretar en tres aspectos que están estrechamente relacionados:

a) La mayor proporción de la población económicamente activa utiliza tecnologías sumamente atrasadas, pero coexiste en la economía hondureña un sector con tecnología altamente evolucionada.

b) La preponderancia del sector primario está asociada a una baja productividad y, por consiguiente, a una baja remuneración.

c) La estrechez de los sectores secundario y terciario no permite absorber una mayor proporción de la fuerza de trabajo.

Si bien es cierto que los factores apuntados son comunes en los países centroamericanos, los indicadores mencionados anteriormente y algunos otros, como la mayor proporción de población rural[49] y la mayor proporción de trabajadores por cuenta propia dentro de la categoría ocupacional compuesto por pequeños productores agrícolas que apenas producen para la subsistencia reflejan alguna[50] evidencia sobre la estructura de la desigualdad prevaleciente en Honduras sobre todo para el estrato más bajo, que contiene un cincuenta por ciento de la población y el estrato muy alto, que representa el cinco por ciento de la población (Gráfico 1), lo que se examinará con más detalle en el análisis del ingreso familiar, arrojado por la Encuesta de Ingresos y Gastos Familiares de Honduras 1967-1968.

Otro indicador importante que cabe examinar en este análisis de la desigualdad global del ingreso de Honduras en relación a Centro América es la concentración en la propiedad de la tierra[51], se observa que los valores más altos se presentan en El Salvador y Guatemala (0.85 y 0.80), Honduras y Costa Rica se encuentran en igual situación con 0.79, correspondiendo el valor más bajo a Nicaragua con 0.69. Lo anterior se muestra también en los datos siguientes:

---

[49] Guatemala 69%, El Salvador 62%, Honduras 72%, Nicaragua 60%, Costa Rica 66
[50] Guatemala 30%, El Salvador 21%, Honduras 38%, Nicaragua 28%, Costa Rica 17
[51] Tomando de "Desarrollo Integrado de Centro América en la presente década. Estudio No 6. S.I.E.C.A

Distribución del área en relación a las fincas
(Por cientos)

% de fincas	% del área				
	Guatemala	El Salvador	Honduras	Nicaragua	Costa Rica
20	1	1	1.2	1	0.1
50	3	3	6.3	3	1
80	14	13	22	15	10
95	28	29	33	48	33
100	100	100	100	100	100

Fuente: Cálculos en base a cifras de GAFICA.

Obsérvese que Honduras hasta el ochenta por ciento de las fincas más pequeñas, presenta una mejor distribución de la tierra; sin embargo, cambia un poco en el tramo siguiente donde se nota que el 5 por ciento de las fincas más grandes acaparan el 72 y 71 por cientos de la tierra en Guatemala y El Salvador, el 67 por ciento en Honduras y Costa Rica y el 58 por ciento en Nicaragua.

La distribución de la tierra es un indicador utilizado corrientemente para verificar la distribución del ingreso.

En el caso de Honduras considerado aisladamente, ambas distribuciones tienen un alto grado de correlación; sin embargo, si se asignan categorías a los países con los cuales se ha venido haciendo esta comparación de la desigualdad global, el resultado es el siguiente:

Categoría en la distribución del ingreso y en la distribución de la tierra

País	Distribución del ingreso	Distribución de la tierra
Guatemala	1	2
El Salvador	5	1
Honduras	2	3
Nicaragua	4	4
Costa Rica	3	3

Fuente: Cálculos en base a cifras de GAFICA.

Mientras Honduras ocupa el segundo lugar entre los países de peor distribución del ingreso, tiene una posición intermedia en las categorías de distribución de la tierra, lo que junto con la mejor distribución que se señaló para el 80% de las fincas más pequeñas, podría evidenciar una productividad más baja en la utilización de la tierra; es decir, que si bien es cierto que el problema de la distribución de la tierra en Honduras comparada con Centro América no es de los más graves, es evidente un agudo problema de productividad de la mano de obra o una subutilización de la tierra.

Cabe destacar que el análisis anterior fue realizado con datos de una encuesta sociocultural realizada por INCAP, utilizada por GAFICA; por razones de comparabilidad, la distribución que aparece para Honduras en esta fuente de información fue cotejada con los resultados de la Encuesta de Ingresos y Gastos Familiares, realizada por la Dirección General de Estadística y Censos y ambas distribuciones se presentan en el Gráfico No 3. Nótese que el área de desigualdad de acuerdo a nuestra encuesta es ligeramente superior a los resultados de INCAP, lo cual puede utilizarse como factor de justificación en lo concerniente a la comparación de la distribución de l ingreso en Honduras con la que prevalece en los demás países del área.

Gráfico No.
Distribución del ingreso
Curva de Lorenz

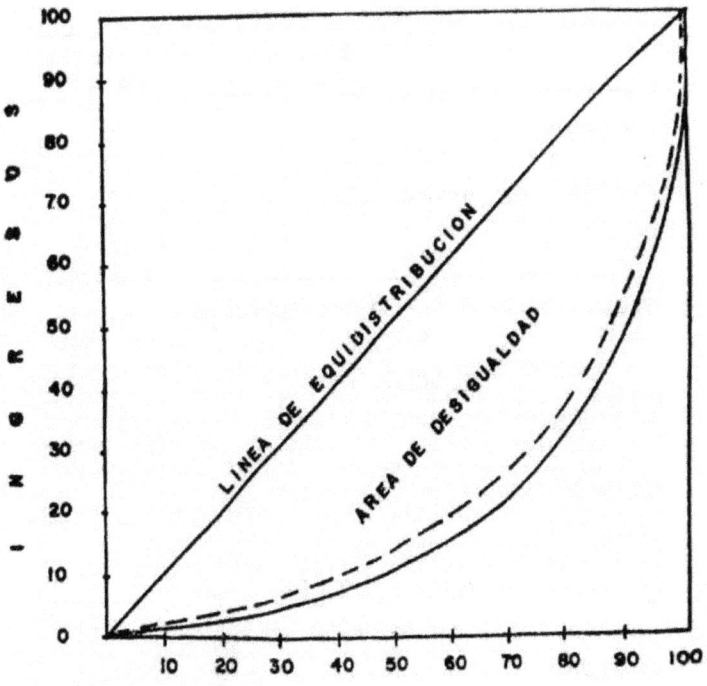

117

2.2 Distribución por estratos:

Para este análisis se utilizan los resultados arrojados por la Encuesta de Ingresos y Gastos Familiares 1967-1968, que constituye la primera fuente de información sobre distribución del ingreso y que, a pesar de las limitaciones de este tipo de encuestas, refleja en forma aceptable la situación que prevalece en Honduras en relación a la distribución del ingreso por familias, tanto para áreas urbanas como rurales.

Para determinar la desigualdad por estratos para todo el país, la muestra fue elevada al universo considerando la importancia relativa de cada una de las áreas representadas.

Utilizando procedimientos estadísticos, se establecieron tres grupos básicos que permitieron determinar la proporción correspondiente a los niveles económicos, alto, medio y bajo. La distribución del ingreso para todo el país, de acuerdo a estos grupos, es la siguiente:

Lempiras	Hogares		Ingreso	
	%	% acumulado	%	% acumulado
Menos de 2000	79.8	79.8	31.8	31.8
De 2000 a menos de 7000	17.2	97	41	72.8
De 7000 y más	3	100	27.2	100

Al estrato bajo corresponde aproximadamente el ochenta por ciento de la población y recibe treinta y dos por ciento del ingreso; el grupo más representativo de este estrato es el que recibe un ingreso anual inferior a Lps. 500.00 que representa cuarenta y cinco por ciento de las familias y recibe solamente 8.8 por ciento del ingreso; pertenecen a este cuarenta y cinco por ciento más pobre, la mayor parte de la población rural que depende de ingresos agrícolas y aquellas familias de las zonas urbanas que obtienen ingresos a través de pequeñas ganancias en actividades diversas.

El ingreso por persona de este grupo es solamente de 59 lempiras al año. La parte superior del estrato bajo, compuesto por un treinta y cinco por ciento de familias, recibe veintitrés por ciento del ingreso, ubicándose en este grupo casi todo el resto de la población rural, y una proporción importante de la urbana que habita las dos ciudades más grandes y las zonas urbanas menores; la principal fuente de ingresos está constituida por el salario o sueldo devengado por el jefe de familia.

El estrato medio, compuesto por diez y siete por ciento de los hogares, recibe cuarenta y un por ciento del ingreso, tiene un ingreso promedio por persona de 511 lempiras y está constituido por la población urbana; los ingresos provienen primordialmente del salario y de ganancias obtenidas a través de negocios.

Finalmente, el estrato alto con tres por ciento de las familias recibe veintisiete por ciento del ingreso. Las fuentes de ingreso de este grupo, las constituyen en un veinticinco por ciento las utilidades en negocios, un trece los ingresos agrícolas, un cuarenta y ocho por ciento los ingresos profesionales y sueldos.

La parte superior del estrato, compuesto por el 1.8 por ciento de familias con ingresos superiores a 12,000 lempiras, acapara un 16 por ciento del ingreso.

Mediante este examen a nivel de estratos, se evidencia una desigualdad general muy grande en la distribución del ingreso, que se debe sobre todo a las condiciones de pobreza en que se encuentra el estrato inferior que solamente recibe el 8.8 por ciento del ingreso y está compuesto por el cuarenta y cinco por ciento de la población.

La distribución explicada, es resultado del nivel de desarrollo del país que responde a una estructura económica dada. En primer lugar, prevalece el sector agrícola en la estructura del producto interno bruto, y existen enormes diferencias de productividad entre la agricultura bananera de exportación y la agricultura de subsistencia, entre cuyos dos extremos puede ubicarse un sector intermedio constituido por productores de la agricultura destinada también a la exportación.

Esta clasificación realizada grosso modo permite dará una idea de estas diferencias

Agricultura
(promedio 1970-1972)

Categoría	Mills. Lps.	%	Fuerza de trabajo (Trabajadores)	%	Productividad (Lempiras)
Moderna	132	28	20,393	2.7	6,473
Intermedia	117.9	25			
Primitiva	224	47	743,207	97.3	460
Total	473.9	100	763,600		

Como se observa, existe un sector moderno de donde proviene el 28 por ciento del valor agregado agrícola y que absorbe una proporción muy reducida de mano de obra, (2.7%) en tanto que el sector primitivo compuesto por una gran mayoría de pequeños productores realizan sus labores mediante técnicas primitivas, tanto por falta de formación, como por falta de acceso a nuevos métodos productivos, resultando por consiguiente una productividad sumamente baja, que no se puede estimar por carecer de un desglose de la fuerza de trabajo entre lo que hemos calificado como agricultura intermedia y primitiva.

Este aspecto de la baja productividad en Honduras es relevante; se observa que el pequeño productor hondureño (1), en relación al pequeño productor del resto de los países centroamericanos (2) tiene una disponibilidad promedio de tierra igual a la de Nicaragua y superior al resto de los países: Guatemala 1.7, El Salvador 1.2, Honduras 2.2, Nicaragua 2.3, Costa Rica 0.9— y a la vez posee el estrato de ingreso bajo más pobre de Centroamérica ya que el promedio de ingreso para este estrato en Honduras es de 52 $CA. en tanto que el promedio centroamericano es de 74 $CA. (2); y esta baja productividad está asociada con problemas de orden social, como el nivel de educación, de salubridad, de nutrición, así como también con la falta de infraestructura económica y de asistencia técnica que permita al pequeño productor obtener mejores rendimientos.

Esta elevada proporción de la población que pertenece al estrato más pobre (45%) y que por consiguiente carece de capacidad de compra, constituye el límite más importante a que se encuentra sometida la capacidad de generación de actividades económicas internas, y debe ser considerado como uno de los grupos sociales que requiere la atención de las áreas estratégicas del desarrollo planeado.

2.3 Comparación del ingreso por estratos con el promedio nacional

El promedio del ingreso per cápita en los años 1967-68 fue de 443 lempiras y los promedios de ingreso en los estratos bajo, medio y alto fueron los siguientes:

Estratos	% de P	Promedios	% del ingreso per cápita nacional
Bajo	79.8	107	24.2
% más pobre	44.7	59	13.3
Resto	35.1	155	35
Medio	17.2	510	115
Alto	3	1715	387

A la parte inferior del estrato bajo, catalogada como el porcentaje más pobre de toda la población, al recibir solamente 59 lempiras por persona solamente le corresponde un 13.8 por ciento del ingreso per cápita nacional; el resto del estrato bajo que recibe 155 lempiras por persona alcanza un 79 por ciento del per cápita nacional y en el estrato medio queda superado el ingreso per cápita al presentar un coeficiente de 115 por ciento.

Cabe destacar que mediante una desagregación de los estratos en varias escalas de ingreso se determina que el 90.6 por ciento tiene un ingreso inferior al promedio nacional, es decir, que solamente un 9.4 por ciento de los hondureños tienen ingresos superiores al ingreso nacional per cápita.

2.4 Distribución urbano-rural

Como se mencionó en la distribución por estratos, la desigualdad en la distribución del ingreso tiene como factor básico la precaria situación de un elevado porcentaje de la población rural, que tiene una ponderación de 72 por ciento en la población total y de la cual el 60.6 por ciento recibe menos de 500 lempiras por familia lo cual deprime el nivel de ingreso total.

El ingreso por persona en el sector rural, solamente 117 lempiras, lo que representa una cuarta parte del ingreso nacional per cápita.

Las características inherentes a este 60.6 por ciento de población rural, que constituye el 95% del estrato más pobre en relación a todo el país, han sido determinadas en algunos estudios realizados[52] perteneciendo a este nivel de ingreso las unidades agrícolas denominadas "sub familiares" (4.2 hectáreas promedio por finca):

---

[52] Estudio económico de la Aldea de Flores. Tenencia de la tierra y condiciones del trabajo agrícola "Instituto de Investigaciones E. y S. UNAH.

- Las tierras son en su mayoría marginales, aproximadamente el 75% de los cultivos se siembran en las laderas de las montañas.
- A este grupo de fincas pertenece el porcentaje más alto de trabajadores agrícolas no asalariados (72.5%).
- La disponibilidad de capital, incluida la casa habitación que además sirve como lugar de almacenamiento, los implementos de trabajo (un azadón, un machete, una humea, un pujaguante) y los animales alcanza 743 lempiras.
- — La técnica de producción es muy atrasada no ha cambiado en siglos y se apoya en la tradición.
- Cuando se obtiene una cosecha normal el ingreso bruto es alrededor de Lps. 450.00.
- A este grupo pertenece el porcentaje más alto de la población campesina analfabeta.

Otro problema que ha dejado de señalarse es el problema de la subocupación, motivada por la estacionalidad en el cultivo de los principales productos del país; lo que ocasiona que el trabajador agrícola y el pequeño productor, no utilicen su factor productivo en una buena parte del año, lo cual deprime aún más el nivel de ingreso.

En las pequeñas explotaciones agrícolas la fuerza de trabajo familiar que se estima en 617.4 días de trabajo en el año solamente se utilizan en la explotación un 31% y el resto del tiempo, el campesino pasa desocupado, o si tiene oportunidad trabaja en las fincas grandes. Lo anterior se debe a factores climatológicos y al reducido tamaño de la parcela[53].

El área urbana en relación al área rural tiene una distribución más desigual, mientras en el área rural el ingreso se concentra en el estrato bajo con un 69 por ciento, en el área urbana el 69 por ciento del ingreso se encuentra en las escalas inferiores del estrato alto; esto naturalmente es consecuencia de que en el área rural la mayoría de la población es pobre, en cambio la heterogeneidad mostrada en la distribución del ingreso en todo el país, está en las zonas urbanas, donde se encuentran las grandes disparidades mientras el ingreso promedio en estas zonas alcanza 564 lempiras el estrato bajo solo alcanza poco más de un cuarto de este promedio, en tanto que el estrato alto es tres veces mayor.

---

[53] Véase "Tenencia de la tierra y condiciones del trabajo agrícola" UNAH. Instituto de Investigaciones Económicas y Sociales

Distribución del ingreso urbano rural en por cientos

Estrato de ingreso	Zonas Urbanas				Zonas urbanas			
	Hogares		Ingreso		Hogares		Ingreso	
	% relativo	% acumulado	% relativo	% acumulado	% relativo	% acumulado	% relativo	% acumulado
Estrato bajo	45.7	45.7	14.5	14.5	93.7	93.7	68.3	68.3
Menos de 500	5.9		0.6		60.6		26.4	
De 500 a 2000	39.8		13.9		33.1		42.4	
Estrato medio	44	89.7	46.1	0.6	6.2	99.9	29.8	98.6
Estrato alto	10.3	100	39.4	100	0.1	100	1.4	100

3. Distribución funcional del ingreso

El examen de la estructura del ingreso nacional según la remuneración de los factores de la producción, no es relevante para poner en evidencia la desigualdad en su distribución, ya que como se mencionó anteriormente el factor primordial de esta desigualdad, es la existencia de una gran proporción de población dedicada a labores agrícolas de subsistencia, y cuyos ingresos en esta distribución funcional están involucrados dentro del grupo de empresas personales, de tal manera que los ingresos del estrato más pobre se confunden con los de los empresarios individuales dedicados a actividades económicas en gran escala; de acuerdo a las características y grado de desarrollo del país, este grupo es el que percibe una proporción bastante elevada de las utilidades, por tal razón el ahorro de las sociedades de capital tiene una participación baja en el ingreso debido a que predomina la organización de tipo personal sobre la de capital.

Estructura de la distribución del ingreso

Concepto	1960	1965	1970
Asalariados	48	48.5	49.4
Empresas personales	41.4	38.2	37.7
Ingreso proveniente de propiedades	7.6	8	8.2
Ahorro de las sociedades de capital	2.4	4.4	3.8
Impuesto sobre sociedades de capital	0.5	1	1.4
Ingreso de propiedades del Gobierno	0.5	0.3	0.3
Intereses deuda pública y deuda consumidores	-0.4	-0.4	-0.8
Total	100	100	100

3.1 Ingresos de los asalariados

El grupo de los asalariados percibe alrededor de un 48% del ingreso, observándose que en la década pasada ha mostrado un ligero incremento cuyas causas se examinan en los párrafos siguientes. Esta participación de 48% comparada con otros países de América Latina, sitúa a Honduras en una posición intermedia, y no en la escala de aquellos países donde a los asalariados les corresponde una proporción menor del ingreso[54]. La explicación de este fenómeno puede encontrarse en que si bien es cierto que en Honduras tiene una gran preponderancia el sector primario, en relación a los sectores terciarios y secundarios que absorben mucha mano de obra asalariada, este sector primario contiene la parte más moderna de la economía compuesta por el sector bananero, cuya actividad genera por sí sola, entre un 12 y 14 por ciento de los salarios, siendo los niveles individuales más elevados en relación al resto de las actividades agrícolas, aun cuando la fuerza de trabajo ocupada beneficiada por este sector es solamente 2.7%.

En relación a la participación sectorial en la generación de salarios y los cambios que esta participación ha sufrido en la última década, a través de informaciones parciales, se pueden deducir los aspectos que a continuación se exponen: la industria manufacturera tiene una reducida participación en la generación de salarios, los que han aumentado de 1% en el transcurso de los últimos diez años hasta alcanzar 2.8% por ciento, el sector público es el que mayor dinamismo presenta en la generación de los salarios, en el transcurso del período mencionado ha incrementado su participación en 2.5%, ubicándose en el sector generador de la quinta parte de los salarios de la economía, este mayor crecimiento es el resultado de la expansión de los gastos sociales, tanto en salud como en educación, y de los servicios económicos prestados por el sector público, según se observa en la clasificación funcional del gasto de este sector.

Otro sector que ha tenido un comportamiento dinámico a pesar de que su contribución es reducida, es el sistema bancario, en los primeros años de la década de 1960 tenía una participación de 1.8%, viéndose aumentada en 1970 a 2.6%.

Para el comercio, transporte y construcción la única información de que se dispone proviene de los salarios por los cuales se cotizó en el Seguro Social, y de acuerdo a esta información también se

---

[54] En los países en desarrollo la participación de los suelos y salarios en la distribución del ingreso es generalmente menor que en los países industrializados.

muestran como sectores dinámicos. En cambio, los salarios del sector bananero que han crecido en la década en 5 por ciento han perdido importancia relativa en la estructura del ingreso, a consecuencia de cambios tecnológicos introducidos que restringen la ocupación de mano de obra.

En el resto de la agricultura, no se dispone de información, sin embargo, se estima que la participación de los salarios de este sector no ha sufrido variaciones, debido a que en la agricultura no se han operado cambios que permitieran incrementar la participación de los asalariados, y por otra parte la expansión ocurrida en la ganadería no parece tener impacto en la generación de empleo ya que es una actividad que requiere muy poca mano de obra.

En general, puede decirse que el pequeño cambio que ha sufrido la estructura de los salarios en relación al ingreso es un indicador de que el sistema productivo no ha generado mayores oportunidades de empleo para absorber siquiera una pequeña parte de la fuerza de trabajo que se encuentra ubicada en actividades marginales por su propia cuenta.

3.2 Ingresos de las empresas de personas

El rubro que sigue en importancia a los salarios es la retribución a las empresas personales. La posición de este grupo radica en la importancia relativa de los ingresos que perciben algunas unidades económicas aquí clasificadas: ingreso de las fincas, ingreso de las profesiones liberales e ingreso de las empresas no constituidas en sociedades de capital; con excepción de las fincas pequeñas de subsistencia y de los pequeños negocios, el resto de las personas del grupo reciben ingresos altos, por tal razón en este rubro se presentan la mayor heterogeneidad por escalas de ingreso, ya que en el extremo inferior de este grupo se encuentran los pequeños productores dedicados a actividades marginales que trabajan por cuenta propia y cuya proporción es elevada, 45% de la población—por la incapacidad de la economía de proporcionar empleos remunerados.

La pérdida de importancia relativa que se observa en este grupo perceptor de ingreso parece deberse a que las sociedades de capital han logrado mayor importancia en el transcurso de la década a consecuencia de la participación adquirida en la administración dentro del producto interno bruto, que ha estimulado la organización de empresas de capital.

BREVE HISTORIA DEL SINDICALISMO HONDUREÑO

Mario Hernán Ramírez[55]

En sitio de preferencia, nuestro fraternal y respetuoso saludo en este nuevo 1° de Mayo, Día Internacional del Trabajo a todos los hombres y mujeres del planeta que con la fuerza del músculo y del talento, funden día a día el yunque del progreso en sus respectivas naciones, contribuyendo con ello al fortalecimiento espiritual y material de la humanidad entera.

Trataremos, a grosso modo, de hacer un poco de historia en el movimiento sindical de nuestra querida patria; naturalmente que para ello tendríamos que remontarnos a tiempos ya muy lejanos para lo cual este espacio, resulta insuficiente; pero partiremos, a grandes rasgos, repetimos, del presente siglo. En el año de 1900 se gesta el primer movimiento, que si bien no sindical, era ya la gestación de lo que es ahora. En la ciudad del Adelantado San Pedro Sula, los Tipógrafos fundan su primera sociedad, a la que le dan el nombre "Sociedad Mutualista" Juan Gutenberg, la que más que todo, tenía como finalidad y tal como su nombre lo señala, la ayuda mutua entre sus asociados. Nace otra agrupación de trabajadores en Santa Rosa de Copán, la que es bautizada con el nombre de "Sociedad Copaneca de Obreros" y cuya finalidad era de tipo interminable, pues sus actividades no se circunscribieron jamás a un solo fin.

Allá por el año de 1920, surge otro agrupamiento obrero, esto es nuevamente en la industriosa ciudad de San Pedro Sula y a la cual le dan sus fundadores el nombre de "La Fraternidad", en la cual ya se ven indicios de que se luchará por la reivindicación de los derechos del trabajador. Por fuerzas insuperables, este agrupamiento obrero tuvo muy fugaz existencia, pues solamente duró 4 años. Y en el año de 1930 nace en la ciudad puerto de La Ceiba, la "Miguel Paz Barahona" cuyos integrantes y en vista de la inmisericorde explotación de que estaban siendo objeto, por parte de los patrones de

[55] Publicado en La Voz del Sindicalismo, No 3, 1 mayo 1970

la Compañía Bananera, que ahora es la Standard y que en aquel entonces llevaba otra etiqueta, tratando de adquirir algunas conquistas, las que no son satisfechas, dado el medio raquítico y los intereses gubernamentales y políticos, que dicho sea de paso, siempre han andado de por medio en estos movimientos de superación humana.

Compañeros, es hasta un 1° de Mayo de 1954, año de gloria y cuya trascendencia marca páginas imborrables en la historia de este país, cuando por primera vez se lanza a todo pulmón el grito de ¡Basta Ya!, y se inicia en forma el movimiento obrero-sindical en nuestra amada Honduras.

Es el grito de batalla de varios miles de hondureños, cuyas espaldas ennegrecidas por el inclemente sol y ensangrentadas por el inmisericorde látigo, se lanzan por vez primera a la rebeldía, hasta lograr, a Dios Gracias, las conquistas que dé en la actualidad se gozan y más que todo el respeto del mutuo, entre patrón y empleado. Es así que una célebre huelga de días y de noches, que tuvo una duración de 3 amargos meses, marca de por sí el fortalecimiento del movimiento obrero en nuestro país.

Esa huelga histórica es ayudada por una, la ORIT y enseguida, después de millones de sacrificios, empiezan países amigos, ya organizados en este campo, a prestar su ayuda a los hermanos hondureños que en ningún momento flaquearon ante todos los obstáculos que a su paso se oponían. Y México, país amigo, es el primero en decir presente con su ayuda, a través de la Confederación de Trabajadores Mexicanos, siguiéndole en su orden otras agrupaciones obreras de todo el mundo, hasta culminar con la firma del primer Contrato Colectivo, en el Cabildo Municipal de San Pedro Sula en el mismo año de 1954, tomando como base el salario devengado en 1900 y el mismo que hasta la fecha del contrato devengaban los trabajadores del Norte. Cabe señalar que, en ese mismo sitio, nació el primer Sindicato del país, que era precisamente el de la Compañía Bananera de la Tela Railroad Company. En agosto del mismo año nació el SITRATERCO y en abril de 1957 nace la poderosa Federación de Trabajadores del Norte que se denomina FESITRANH.

De esta manera el movimiento trabajador organizado de Honduras se va extendiendo hacia otros sectores de la república, proyectándose hacia la capital para luego continuar por distintas regiones de la nación. Ya para el año de 1964 nace la gran Confederación de

Trabajadores de Honduras, el momento de C.T.H. y en 1967 se crea otra poderosísima organización de trabajadores, esta vez a nivel ístmico, la C.T.C.A., que es la Confederación Centro Americana, cuyo primer Secretario General, fue el compatriota, Andrés Víctor Artiles.

De esta manera, compañeros trabajadores y pueblo hondureño en general, en esta memorable fecha, consagrada al brazo, pulmón y nervio de las sociedades del mundo, hemos hecho un breve análisis del movimiento obrero de Honduras, con los mejores deseos porque el mismo continúe, como hasta ahora, por la escala ascendente y victoriosa de la superación material y espiritual de nuestra amada Honduras. Patria de hombres valientes y corajudos, que en todo momento han dicho presente a su llamado.

¡Salud Trabajadores de Honduras!
Que Dios os bendiga.

VALLE Y LAS CIENCIAS ECONÓMICAS

Jorge Fidel Durón[56]

La Sociedad de Peritos Mercantiles y Contadores Públicos de Honduras, enterada por los estudios de la historia y de la biografía que José Cecilio del Valle expuso sus ideas como insigne economista, mientras desempeñaba el puesto de Regente de la cátedra de Economía Política en la Sociedad de Amigos de Guatemala el año de 1812, me ha pedido que en esta importante Semana del Contador a mi vez exponga las ideas de Sabio a quien la última Conferencia Interamericana de Caracas, por iniciativa hondureña, tributó un sin par homenaje de admiración y reconocimiento continental.

Su mejor biógrafo, don Ramón Rosa se expresaba así al sublime discurso de Valle la riqueza en efecto: "La ciencia de la riqueza era para Valle una ciencia de carácter relacionada con todas las diversidades sociales y auxiliada por todas las investigaciones y progresos de las demás ciencias: debía tener, por seguro criterio, el análisis completo de las causas que favorecieses o contrariase el desarrollo de los agentes de la producción, para afirmar o fortificar los estímulos y desechar o suprimir los obstáculos; juzgaba que la ciencia económica no debía ser lo que había sido en sus principios, una ciencia incompleta y de exclusivismo, en provecho de la industria rural, ya en provecho de la industria fabril, ya en provecho del comercio; conceptuaba que la ciencia económica estaba llamada a armonizar los múltiples y complicados intereses de la producción, de la distribución y del consumo de la riqueza; afirmaba que la Economía tenía su parte universal y sus especialidades de aplicación, sus especialidades de localidad. "Cada Reino" —decía— "tiene su economía política del mismo modo que tiene su botánica, su gramática y su jurisprudencia".

Analicemos un poco sus propias palabras. Valle, en su ideario económico, sostenía que hay riqueza, no hay libertad consolidada, no hay prosperidad nacional donde no haya espíritu y es imposible la existencia del espíritu público donde no hay ilustración que lo forme,

[56] Publicado en el Boletín de la Secretaría General de la Universidad Nacional Autónoma de Honduras Año 1, No 3, octubre 1958

dirija o sostenga. Y agregaba: "Si queremos que subsista lo político, pensemos como corresponde en lo económico. Tener derechos y vivir desnudos, sería muy triste vivir". Esto se traduce en nuestra época en la visión de la prevalente democracia descalza y desnutrida, desnuda, analfabeta y enferma que exige que, por medio de nuestras ideas y planificación económica, nuestro pueblo pueda avanzar parejo, tanto en lo político como en lo económico y en lo técnico, a fin de que su progreso y prosperidad tengan el sello y el fundamento de lo estable y de lo permanente.

Pero, la mejor manera de demostrar la visión y la sabiduría del estadista que había en Valle estará en continuar citando sus palabras eternas: "El plan más importante de administración para hacer rico a un pueblo es dejar en libertad a los labradores, fabricantes artesanos y comerciantes, procurarles toda la instrucción necesaria para que adelanten en su oficio respectivo, facilitar las comunicaciones por agua y tierra, moderar los impuestos que gravitan sobre ellos y hacer respetar las propiedades". Si esto no es, en síntesis, la libre empresa de hoy en contra de la decantada economía dirigida, nuestro error es profundo. Como se ve, testigo presencial de la errónea política económica de la Madre Patria, desastrosa para el comercio y ensanche de las Colonias, con su plan y su idea Valle aconsejaba una desviación total de lo que había sido el patrón y el modelo para los economistas peninsulares provocando así la postración colonial y el Sabio señalaba las faltas y las deficiencias para que, tomados en cuenta los defectos se salvara, fortaleciera y engrandeciera la Federación en pañales.

Oigámosles: "El trabajo es el origen de toda riqueza; el trabajo es el principio de la escala inmensa de valores; y si son infinitas las formas con que se presenta la riqueza en los granos del labrador, en los fardos del mercader, en las obras del artesano, uno sólo es el elemento de estimación. El pueblo donde haya mayor suma de trabajo debe tener mayor suma de riqueza. Esta es la verdadera balanza política". La historia se cargó de confirmar y ratificar sus palabras contemplando el asombroso desarrollo de la Unión Americana que, al hacerla emporio del trabajo y de la riqueza, le deparó años después el indiscutible puesto de país más poderoso de la tierra. Las doctrinas económicas, sucesivas encíclicas papales, han demostrado el augusto valor de Valle, el economista, que atento a la evolución mundial por medio de lecturas y correspondencia, podía poner el oído en el suelo para vaticinar el porvenir.

También decía: "El Economista, considerando el mundo político para descubrir el origen de la riqueza y la felicidad de los pueblos, parece un ser divino, digno de las admiraciones del reconocimiento". Nuevamente Valle está mirando a través del cristal del futuro, avizorando la importancia cada vez mayor que, con el tiempo, adquirirían los economistas al objeto de lograr un mejor ordenamiento de la administración pública, una orientación más realista y más productiva del arte de gobernar. Otra vez los que lo leemos y estudiamos nos llenamos de admiración y asombro ante su maravillosa presciencia.

"Son grandes los pasos que se han dado y rápidos los progresos que se han hecho. No es fácil avanzarlos descubriendo verdades nuevas y en una ciencia manejada por Hume, por Smith, por Jovellanos por Campomanes, por Arriquivas, por Canard, por Sismondi, por Say y otros sabios. Pero el conocimiento de las leyes que ha descubierto el trabajo de los sabios; la colocación de los útiles que se hallan dispersos en escritor de diversas clases; su aplicación a las circunstancias particulares de este Reino de Guatemala; el examen de las causas por que están baldías las tierras fértiles y hermosas de Guatemala; por qué no se multiplican las fábricas de esa industria inventiva que representándonos muestras repetidas cada semestre, nos pide fomento y protección; por qué no hay comercio con países felizmente situados, bañados por ambos mares, y con proporciones que envidian otros a quienes les negó la naturaleza; estos trabajos son por ventura el objeto de menor interés o deben ser propuestos a los de teorías abstractas que solo tienen valor cuando hay manos que sabes aplicarlos. En la Economía Política, lo mismo que en todas las ciencias y artes, hay principios generales, que son como la base o la parte universal de la ciencia, y nociones particulares que forman la ciencia especial de cada país".

En esto, Valle otra vez, visionario y clarividente está anticipándose a palabras que más tarde se atribuirán al genio político de Napoleón III y planteando los problemas agrarios que habrían de surgir y a los que se refiriera después en Honduras el ex presidente ecuatoriano Galo Plaza, al recordar al diferencia entre la acometividad colonial española y la anglosajona, la primera cuyo sistema antieconómico el hondureño impugnó y en donde la colonización peninsular redujo a la servidumbre al nativo, pues el amo no sabía cómo cultivar la tierra ni hacer nada con sus propias manos, mientras la segunda, en guerra con el aborigen, tuvo que luchar solo en el suelo nuevo, en medio desconocido y hostil, atisbando el problema que habrían de plantear más tarde las grandes empresas inversionistas extranjeras a las que, de haber habido previsión y haberse escuchado el consejo de sus palabras, desde un principio se debió imponer el respeto elemental y básico de nuestros derechos soberanos, la participación de nuestro decoro y dignidad de Nación, como valores previos, a cambio de la explotación de nuestra riqueza inerte en potencia, garantizando desde luego, el pacífico desarrollo de su técnica y el uso libre de su capital, pero dentro de los canales de una legislación social que asegura al país en general, y a la clase trabajadora en particular, rendimientos justos y bienestar equitativo, para el logro de un balanceado y feliz equilibrio social y económico.

"Si los capitalistas —dice Valle— merecen por su influencia en la producción de la riqueza la mirada del Gobierno, los operarios son, por igual causa, muy dignos de ella. No hay riqueza faltando los brazos del obrero. Son improductivos en tal caso los capitales del propietario y los conocimientos del sabio. Ya corrieron los siglos en que todos los trabajos eran hechos por manos de esclavos; ya va pasando el tiempo en que los jornaleros eran vistos como siervos y los propietarios como dueños o señores de ellos. Los cálculos de las ciencias demostraron que los esclavos, oprimidos o mal alimentados, no pueden interesarse en que sean grandes los productos de sus trabajos; que hombres degradados o envilecidos no son capaces de inventar o perfeccionar cosa alguna; que la cantidad gastada en el esclavo es, en último análisis, mayor que el salario pagado al hombre libre. Un operario, obrero o jornalero no es un siervo: es un coproductor de riqueza. No es una servidumbre la que se estipula, es un pacto lo que se celebra. El operario ofrece brazos y el capitalista promete salarios. No sería este contrato una magistratura autorizada para castigos, violencia u opresión. Se da al uno derecho para exigir los servicios estipulados y al otra acción para demandar el jornal ofrecido. Yo pongo de manifiesto con placer los derechos de los obreros, hollados injustamente en los siglos pasados."

Expresándose con valentía, Valle, el economista, hablaba con mentalidad social digna de la época y del momento que vivimos. Pero es natural que así fuera dado que él estaba en contacto con las doctrinas económicas que entonces estaban en gestación y en fermento, cuando la esclavitud humana era todavía un hecho negro aun en latitudes evolucionadas como en los Estados Unidos de

América, cuando en Inglaterra florecían macilentos, pero todavía florecían los "sweat-shops" de la era industrial primera. Valle conocía todo esto y le preocupaba y en la naciente Federación Centroamericana, criatura parte de su hechura, quería que todas estas cosas se remediaran con tiempo y nos acontecieran, surgiendo el nuevo estado libre de toda mácula, con los derechos y las obligaciones indemnes, claramente definidos entre el capital y el trabajo, con la humanización que más tarde les infundiría la Encíclica Rerum Novarum.

Valle finalmente favorece la libertad de comercio como una consecuencia del derecho de propiedad que, en su concepto, es deducción precisa de los imprescriptibles derechos del hombre.

El Doctor Rosa se lamenta que nuestra incuria haya dejado en los archivos, apolillándose, los escritos luminosos de Valle. Se queja de que sus doctrinas no hayan sido más conocidas, que no hayan podido salvar las estrechas fronteras de Centroamérica.

Yo comprobé con tristeza esta ignorancia y este desconocimiento del pensamiento de nuestro ilustre compatriota cuando, por iniciativa feliz de mis distinguidos amigos Alejandro Alfaro Arriaga y Eliseo Pérez Cadalso, antiguos rotarios, presenté, en nombre de la Delegación de Honduras, la proposición para que la Décima Conferencia Interamericana de Caracas le rindiera un homenaje continental al Precursor del Panamericanismo.

Ramón Rosa, Rómulo E. Durón antes y en estos días, Alfaro Arriaga y Pérez Cadalso, así como la tesis en inglés de Franklin Dallas Parker, del Greenville College, en los Estados Unidos de América, están haciendo lo propio, lo justo y lo adecuado para remediar esta ignorancia e impedir este desconocimiento.

Por eso celebro la iniciativa de la Sociedad de Peritos Mercantiles y Contadores Públicos de Honduras al expresar el deseo de recordar a Valle durante la Semana del Contador de 1954.

No obstante, en mi concepción, para nosotros la mejor manera de honrar y de enaltecer a Valle será viviendo y actuando conforme los mejores postulados, siempre eternos, de su ideología, poniendo en aplicación aquellos de sus principios todavía adornados de actualidad, amando y sirviendo a nuestra Patria, que tanto necesita de nuestro afecto ferviente y sincero, como él lo supo hacer, con la devoción amplia y continental de su corazón de americano y con la vibración dinámica de su austero cerebro de sabio y de estadista.

133

www.ingramcontent.com/pod-product-compliance
Lightning Source LLC
Chambersburg PA
CBHW071426210326
41597CB00020B/3667